Stay Tuned!

Dr. Cola und der Pacific Crest Trail

Jörg Ehrhardt

Stay Tuned!

Dr. Cola und der Pacific Crest Trail

Bibliografische Information der Deutschen Nationalbibliothek:
Die Deutsche Nationalbibliothek verzeichnet diese Publikation in der Deutschen
Nationalbibliografie; detaillierte bibliografische Daten sind im Internet über http://dnb.dnb.de
abrufbar.

2. überarbeitete Auflage
Lektorat: Marianne Gelfert
Fotos: © Jörg Ehrhardt

Verlag: BoD · Books on Demand GmbH, Überseering 33, 22297 Hamburg, bod@bod.de
Druck: Libri Plureos GmbH, Friedensallee 273, 22763 Hamburg

ISBN: 978-3-7578-1361-1

Dies ist die Geschichte meines vielleicht größten Wanderabenteuers

Wie bin ich überhaupt dazu gekommen?

Die Geschichte begann eigentlich schon vor einigen Jahren. Irgendwann einmal fand ich Gefallen an der Idee, richtig lange Strecken zu wandern. Erst waren es 35 km Strecken, dann 100 km Strecken und irgendwann ging es dann auch mit dem Trekking los. Alles zu einer Zeit, in der das Wandern noch nicht wirklich modern war. Damals waren nur ältere Menschen auf Wanderpfaden unterwegs.

Ich glaube, an diesem sich entwickelnden Hype um das Wandern und Trekking ist die Firma Fjällraven schuld. Um den Verkauf der eigenen Outdoorwaren anzukurbeln, musste man auch das Phänomen des Outdoorlebens in Schwung bringen. Eben aus diesem Grund wurde der Fjällraven Classic initiiert. Dieser Weg folgt dem Kungsleden im schwedischen Lappland auf einer etwa 110 km langen Strecke von Nikkaluokta nach Abisko.

Auch ich wurde von dem Fieber infiziert und so kam es, dass ich gemeinsam mit zwei Freunden an diesem Event teilnahm. Ziel war es nicht nur die Strecke zu absolvieren, nein, wer diese innerhalb von drei Tagen schaffte, konnte sogar eine Goldmedaille bekommen. Klar, die wollten wir und außerdem forderten diese auch einige Daheimgebliebenen. Zitat meiner Zahnarzthelferin; „Chef, ich erwarte, dass Sie mit einer Goldmedaille nach Hause kommen!". Tja, was bleibt einem da übrig? Wenn man ein gutes Betriebsklima haben will, muss man sich halt was einfallen lassen…

Ja, und wir haben es geschafft! Und das mit einer Ausrüstung, mit der ich heute nicht mehr losziehen würde. Viel zu viele Dinge im Rucksack und alles viel zu schwer! Der Mensch wird eben immer erst aus Erfahrung klug. Wir waren stolz wie die Spanier und ich war vom Trekking nun richtig angefixed. An richtig große Touren war zu diesem Zeitpunkt noch nicht zu denken. Ich stand noch im Beruf und da kann man nicht einfach mal die Praxis für mehrere Wochen zumachen. So musste ich auch den Olavsweg in Norwegen, den ich 2017 lief, in zweimal zwei Wochen „machen". Der war mit 640 km schon eine andere Hausnummer!

Bei einem Vortrag über meinen Olavsweg wurde ich dann auch gefragt, ob ich nicht doch irgendwann einmal so ein richtig großes Ding gehen wolle. Naja, der Appallachian Trail (siehe auch: Bill Brysons Buch „Picknick mit Bären") mit etwa 3800 km Länge wäre vielleicht schon eine Option, dachte ich mir, so berühmt, wie er ist. Vielleicht in mehreren

Abschnitten, weil ich ja immer noch in der Praxis stand. Bloß, wieviele Trips in die USA würde ich dafür benötigen? Logistisch und finanziell eine Herausforderung. Also, erst mal keinen Gedanken an eine „Mammutwanderung verschwenden! Außerdem riet mir ein guter Bekannter und Wanderkollege davon ab. Der Appalachian Trail, das sei nur ein grüner Tunnel und total überlaufen. Er selbst sei auf dem PCT (Pacific Crest Trail – dieser geht von der Grenze zu Mexiko bis an die Grenze nach Kanada.) gewesen, habe den aber aus gesundheitlichen Gründen abbrechen müssen. Dort sei jeder Tag wie eine Postkarte. Und damit hatte er mich, den Foto- und Wanderfreund, überzeugt. Das wird mein Projekt!

Bloß wann? Man wird ja auch nicht jünger! Mit 62 Jahren wollte ich in Rente gehe. So jedenfalls war mein Plan. Aber dann kam Corona und alle Grenzen waren dicht. Als sich die Lage Ende 2021 deutlich entspannte, stand für mich fest, Schluss mit der Praxis und wenigstens versuchen, nochmal als alter Knacker ein richtig großes Ding landen! Dazu ist aber an allererster Stelle notwendig, dass man auch das „Okay" von seinem Partner bekommt! Denn meine liebe Frau würde ich dann für etwa ein halbes Jahr mit Allem, aber auch Allem allein lassen.

Glücklicherweise bekam ich ihre Zustimmung sofort. „Wenn du es wirklich willst, worauf willst du warten?!" Und dann ging das Planen los. Diverse Foren im Internet wurden besucht, um Tipps und Ratschläge zu bekommen. Diverse Ausrüstungsgegenstände mussten gegen deutlich leichtere ausgetauscht werde. Immerhin muss man ja alles auf seinem Rücken über 4280 km tragen! Man braucht für die USA ein B2-Visum mit einer Gültigkeit von einem halben Jahr, welches aber nicht ohne Weiteres zu bekommen ist, und man bewirbt sich um ein PCTA Long Distance Permit, also die Erlaubnis, durch sämtliche Nationalparks , Wildernesses und National Forests, durch die der PCT geht, passieren zu dürfen.

Das war wohl die größte Hürde bei der Vorbereitung meines Trips. Um dieses Permit zu bekommen, muss man sich gemeinsam mit Hunderten, wenn nicht gar Tausenden anderer Mitbewerber aus der ganzen Welt an einem bestimmten Tag zu einer bestimmten Zeit, online bewerben. Das Zeitfenster für den PCT Thruhike ist nur vom 1. März bis 30. Mai eines Jahres geöffnet und auch nur für 50 Hiker pro Tag nordwärts. Optimal wäre ein Starttermin Mitte April. Dann wäre es in der Wüste noch nicht so heiß (nachts nicht mehr so kalt) und in den Bergen der High Sierra liegt nicht mehr so viel Schnee. Auch kommt man, wenn man es überhaupt bis nach Kanada schafft, nicht in die ersten Schneestürme, die schon Ende September beginnen können. Aber das Leben ist kein Wunschkonzert und diese Termine möchte jeder! Außerdem muss man erst einmal überhaupt in die Internetwarteschlange kommen!

PCT – erste Hürde genommen

11. November 2021

Es ist soweit! Es hat geklappt! Das große Abenteuer kann beginnen! Unter Mithilfe meines Sohnes und dem Einsatz von 3 Computern mit verschiedenen IP-Adressen ist es gelungen, eines der begehrten Permits für den PCT zu ergattern!

Am 19. Mai wird es los gehen. Das ist zwar verdammt spät, aber wir konnten erst nach 1 1/2 Stunden Wartezeit den Termin buchen. Da waren natürlich die heiß begehrten Plätze Mitte April schon weg. Es gab nur noch Startplätze für den 1. und 2. März bzw. ab dem 19. Mai. Somit wird es am Anfang in der Wüste schön warm, aber in den Bergen liegt dann zwar noch Schnee, aber deutlich weniger. Zum Ende hin, wenn ich überhaupt so weit komme, wird dann wahrscheinlich der Winter schon Einzug halten, zumindest ansatzweise. Nun, es wird spannend!

Als nächstes muss man bei der US-Botschaft online einen Antrag auf ein B2-Visum stellen. Das normale ESTA-Visum mit einer Gültigkeit von 3 Monaten langt ja nicht. Ich glaube, dass kaum jemand den PCT in 3 Monaten schaffen kann – wobei, in meinem Startjahr gab es einen neuen Streckenrekord. Thruhike – also den kompletten Trail gelaufen - in 78 Tagen. Verrückt? Verrückt! Ich glaube nicht, dass sich der junge Mann für irgendwas am Wegesrand interessiert hat. Für ihn zählt sicherlich nur das sportliche Ergebnis. Aber das findet man auch zunehmend auf diversen Wanderevents.

Nachdem man seinen Antrag gestellt hat, wird man gleich zu Kasse gebeten ohne Garantie auf Genehmigung. Daran anschließend macht man dann einen Termin zum Interview in der Botschaft seiner Wahl aus.

PCT – zweite Hürde genommen

10. Januar 2022

Letzten Donnerstag hatte ich um 9 Uhr meinen Interviewtermin für das B2-Visum auf der US-Botschaft in Berlin. Ich hatte mich vorher ordentlich belesen, alle möglichen Bescheinigungen besorgt bzw. ausgedruckt und auf die peinliche Befragung, die dort stattfinden sollte, vorbereitet. Alles in einer kleinen Umhängetasche verstaut (große

Taschen und Rucksäcke sind nicht erlaubt) und los. Nach 3 Stunden Autofahrt stand ich dann vor dem extrem gesicherten Gebäude. Vor mir eine etwa 30 Meter lange Schlange, die Einlass begehrt. Ich durfte mich gar nicht erst in die Schlange einreihen. Die Tasche „durfte" ich gleich zurück ins Auto bringen. Neuer Anlauf. Erneutes Anstellen am Ende der Menschenreihe. Nach 5 Minuten Anstehen das gleiche Spiel nochmal mit meiner Smartwatch! No electronic devices! Wieder zurück zum Auto, das ja auch nicht gleich vor der Botschaft steht. Amerika achtet sehr auf Sicherheit. Dritter Anlauf nachdem ich mich wieder hinten anstellen durfte! Ich will mir die Nase putzen und finde in meiner Hosentasche einen USB-Stick! Rrrrrrh! Nochmal das Spiel, da der Officer mit polnischem Akzent ihn nicht geschenkt haben möchte. Einfach vor der Botschaft wegwerfen wird mir auch verboten. Ich entsorge ihn dann einfach in einem Abfallbehälter an der Straße. Dann hat der Officer doch ein wenig Mitleid mit mir und meiner Misere. Ich darf an die Stelle, an der ich die Wartegemeinschaft verlassen habe und dann geht es endlich rein ins Gebäude und ab zum Sicherheits-Check wie auf dem Flughafen. Hier muss ich noch den Autoschlüssel abgeben. Dann weiter zu Schalter 1 – Pass abgeben, kurz darauf Schalter 2 zum Scannen der Fingerabdrücke und dann Schalter 4. Drei kurze Fragen zum Zweck meiner Reise, Zeitdauer und Beruf. Dann gleich die mündliche Zusage. Der Pass soll mir dann irgendwann mit der Post geschickt werden. Nichts von wegen peinlicher Befragung und Offenbarungseid. Nach nur 10 Minuten war ich wieder draußen und das auch nur, weil ich noch die Toilette in der Botschaft benutzt habe! Und für die paar Minuten fährt man gut 3 Stunden nach Berlin und wieder 3 Stunden zurück! Andererseits, gut, dass es so problemlos ablief. Wie gesagt, man hört auch andere Geschichten. Nun gilt es, einen Flug nach San Diego zu buchen.

Die Permits sind komplett

22. Januar 2022

Heute, endlich, kam der Link von PCTA (Pacific Crest Trail Association) und ich kann endlich mein richtiges Permit für den Trail ausdrucken bzw. abspeichern. Bisher hatte ich nämlich nur eine Vormerkung dafür bekommen.

Permit Nummer 2, welches man braucht, ist das California Campfire Permit. Um dieses zu erwerben, muss man online einen Film anschauen und bekommt hinterher ein paar Fragen gestellt. Ist nicht weiter schwer. Man hat unendlich viele Versuche, die man aber nicht braucht, da es wirklich easy ist, diese zu beantworten.

Dann bräuchte man auch noch das Canada Entry Permit, wenn man als Hiker über die grüne Grenze nach Manning Park, also Kanada, einreisen will. Einen offiziellen Grenzübergang gibt es dort nicht. Einfach so rübergehen geht auch nicht. Das wäre illegal und man darf dann nie wieder in Kanada einreisen. Dieses Permit zu erlangen, ist eine ziemlich aufwendige Prozedur, welche man erst etwa 8 Wochen, bevor man die Grenze erreicht, starten kann. Somit ist es für mich erstmal nicht relevant.

Meine Permits

Nun habe ich sie also, die wichtigsten Unterlagen, die man stets analog auf dem PCT bei sich haben muss! Digital geht nicht! Man muss beides, sowohl das California Campfire Permit, als auch das PCTA Long Distance Permit in Papierform bei sich haben. Hoffentlich wird nichts feucht oder gar nass, damit sich eventuell ein Officer daran erfreuen kann!

Einen Direktflug nach San Diego zu organisieren war kein Problem. Lufthansa bietet sowas an. Direktflug war für mich wichtig, da man damit das Risiko, dass das Gepäck nicht ankommt, minimieren kann. Ich buchte den Flug mit variablen Daten (So dachte ich jedenfalls.) für den Rückflug, da ich ja nicht weiß, wann für mich Schluss sein wird.

Jetzt muss nur noch der COVID-Antigentest am Abflugtag negativ ausfallen, der Flieger darf nicht abstürzen und der Officer bei der Einreise gute Laune haben, denn der kann immer noch bestimmen, ob ich in die USA rein darf und auch wie lange. Dann kann´s losgehen.

Naja, eigentlich noch nicht ganz, denn ich habe in San Diego noch einen „freien" Tag um mich an die Zeitumstellung zu gewöhnen und auch noch ein paar Besorgungen zu machen. Brauche noch Gas (darf man ja im Flieger nicht mitnehmen) und Brenner, will Wanderschuhe anprobieren, die ich mir eventuell später zuschicken lassen muss, denn ich werde unterwegs bestimmt neue brauchen. Telefonkarte besorgen, damit ich mal ein Taxi oder Hilfe rufen und meinen Blog pflegen kann, und die Anreise zum Startpunkt muss auch noch organisiert werden. Die Spannung steigt!

Testpacken

10. Mai 2022

Heute habe ich mal meine ganzen Sachen, die ich mitnehmen möchte und zum Teil auch muss (Spikes), mal ausgebreitet. Noch bin ich beim Gewicht unter 8 kg! Da ist dann aber auch schon der Rucksack, das Zelt, der Schlafsack und die Isomatte eingerechnet. Bei diesen großen Vier kann man am meisten am Gewicht sparen. Geld dafür eher nicht! Klar hätte ich hier bestimmt noch 800 Gramm weniger, wenn ich absolut ultraleicht unterwegs wäre. Aber ich wollte auf die Sicherheit eines freistehenden und doppelwandigen Zeltes nicht verzichten. Auf felsigem Grund kann man nun mal keine Heringe in den Boden rammen und Kondenswasser von der inneren Zeltwand ist am Morgen auch nicht angenehm. Dafür nehme ich weniger Anziehsachen mit. Viel weglassen geht eigentlich nicht mehr. Gut, dass meine Frau nicht dabei war. Sie wäre entsetzt gewesen, dass ich mit nur 3 Unterhosen los will. Dabei sind das für einen richtigen PCT-Hiker schon zwei zu viel! Vielleicht kommen doch noch ein paar Komfortdinge (Fotoapparat oder doch bloß Handy?) dazu? Aber das will gut überlegt sein, denn ich muss auf jeden Fall noch Wasser und Esserei für wenigstens 5 Tage in den Rucksack packen! Da kommen ganz schnell ein paar Kilos dazu. Man darf nicht vergessen, dass ein Liter Wasser eben auch ein Kilo wiegt! ... und dann muss man das alles auch noch „bequem" tragen können. Es wird also weggelassen, was immer nur möglich ist. Das Handtuch ist klitzeklein und eher ein großer Lappen aus Microfaser. Die Zahncremetube muss klein sein, aber der Inhalt muss lange reichen. Das geht nicht mit jeder Sorte. Bei den Zahnbürsten lassen sich auch einige Hiker etwas zur Gewichtsreduktion einfallen. Da wird der Stiel abgesägt und damit ein paar Gramm Gewicht gespart. Die 100 Gramm, die man einspart, sind das Gewicht einer Tafel Schokolade. Das ist schon wieder eine Mahlzeit. Rasierzeug? Ist der pure Luxus! Bleibt also daheim. Ich bin schon jetzt gespannt, wie ich aussehen werde.

Es wird bei der Ausrüstung wirklich alles im wahren Sinne des Wortes abgewogen, was kommt in den Rucksack rein und was nicht.

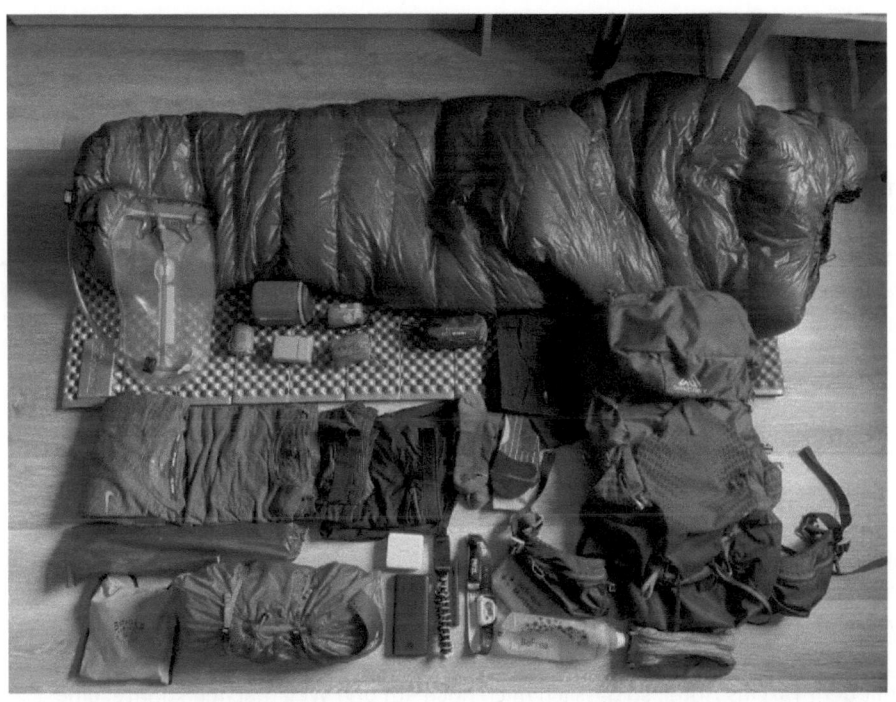

Die Fahrt nach München zum Flieger verlief völlig unspektakulär. Meine Frau brachte mich noch, bevor sie zur Arbeit fuhr, zum Bahnhof. Dann ging es los.

Für mich begann nun das Abenteuer. Für sie ging der Alltag weiter.

Die Deutsche Bahn zeigte sich von ihrer besten Seite und war sogar pünktlich, und so konnte ich auch entspannt, jedenfalls was die Zeit anbetraf, den COVID-Test in München in der Nähe das Bahnhofs machen lassen. Dieser ist nämlich bei Flügen nach Amerika in Papierform beim Check in am Schalter vorzulegen. Selbiger durfte auch nicht älter als 24 Stunden sein. Der Test war „natürlich" negativ und das war gut so.

Dann ging es ab zum Flieger und mit der Lufthansa im Direktflug nach San Diego – California.

Day Zero (die Unruhe vor dem Sturm)

17. Mai 2022

Nun bin ich also hier in San Diego in den USA.

Gestern hat mit dem Flug alles prima geklappt. Ich war froh, dass ich etwas mehr Geld für einen Sitzplatz mit mehr Beinfreiheit ausgegeben habe. Dadurch waren die fast 12 Stunden Flug ganz gut zu verkraften. Lufthansa hat mal wieder ihren typischen Service gezeigt. Was soll's! Aber immerhin, wir waren pünktlich 15.30 Uhr Ortszeit in San Diego!

Der Anflug auf San Diego am frühen Nachmittag ist eine Schau! Man fliegt erstmal fast durch die Stadt um dann am Strand zu landen!

Es war mal wieder typisch für mich! Mein Gepäck kam mal wieder als letztes vom Band. Großes Anstehen bei der Einreise war dann schon nicht mehr und auch die Officer bei der Einreise meinten es gut mit mir. Keine große Fragerei, dafür jede Menge anerkennende Worte und „Good Luck!" für mein Vorhaben.

Ab mit dem Taxi ins Hotel, so dass ich mich noch auf den Weg machen konnte, eine Prepaid-Karte fürs Handy zu kaufen. Das Kaufen selbiger war für mich als Ausländer kein Problem, aber das Ding ging irgendwie nicht! Das Handy hatte wohl immer noch eine Sperre. So jedenfalls wurde es mir erklärt. Ich hatte nun die Option ein neues Handy für teures Geld zu kaufen, oder die Sperre in einem Store entfernen zu lassen. Dazu hatte ich aber am Abend keine Lust mehr und ging lieber erst mal Abendessen! … und das war teuer! Die billigste Pizza 18 Dollar und das Bud light 8 Dollar! Meine Herren!

18. Mai 2022

Heute nun machte ich mich mit meinem Telefonproblem auf den Weg. Es stellt sich allerdings heraus, dass das Entsperren 2 bis 3 Tage dauern könnte. Das ging natürlich nicht und ich musste in den sauren Apfel beißen und ein gebrauchtes, aber unlockedes Handy kaufen. Dazu kam noch, dass sich beim Start zeigte, dass auch die neu erworbene SIM-Karte einen Schaden hatte! Also wieder in den Telefonladen zu AT&T und neue Karte! Ich glaube, die Service-Mitarbeiter im AT&T Store konnten mich dann am Ende nicht mehr richtig gut leiden. Wenig Umsatz, aber massiver Zeiteinsatz!

Als das nun endlich geschafft war, ging es ans Verpflegung kaufen (Das wird ganz schön ungesund!) und Verpacken der halben Einkäufe und zum Vorausschicken auf die Post bringen. Vorausschicken ist deshalb notwendig, da man nicht überall auf dem Trail etwas zu essen kaufen kann. Eigentlich muss man sagen, fast nie, denn die Orte mit Geschäften liegen meist 15 bis 20 Meilen abseits des Trails. Und selbst da gibt es nicht immer das zu kaufen, was das Hikerherz begehrt. Deshalb also Einkaufen, Pakete packen und ab damit auf die Post, und an irgendwelche Post Offices (General Delivery) oder Campingplätze schicken. Auch auf der Post wurde ich gleich als PCT-Hiker erkannt und man wünschte mir gutes Gelingen.

Den Nachmittag verbrachte ich mit einem Besuch bei REI. Das ist so etwas, wie Globetrotter bei uns. Dort konnte ich Gaskartuschen kaufen, die man ja im Flieger nicht transportieren darf und auch diverse Wanderschuhe anprobieren. Wenn alles gut läuft, werde ich wohl von unterwegs neue Schuhe bestellen und mir schicken lassen müssen! ... und da möchte man schon vorher über die Größen bei amerikanischen Schuhen und bei diversen Marken Bescheid wissen.

Abendbrot gibt es beim Mexikaner um die Ecke. Burrito! Meine Herren, sind das Riesendinger! Da werden zwei erwachsene Menschen davon satt.

So, ein letztes Mal in einem richtigen Bett schlafen, denn morgen geht es dann los!

Erster Tag

19. Mai 2022

Nun ist er also da, der Starttag. Und er geht gleich mal gar nicht gut los! Das gerufene Taxi kam eine Dreiviertelstunde später als ausgemacht. Das Wetter in San Diego war kühl, aber das sollte mir ja recht sein. Tja, aber das änderte sich, als wir die Berge der Westküste hinter uns hatten. Hier wurde strahlend blauer Himmel und damit sehr warm. Natürlich mussten wir erst noch einmal anhalten, denn das Taxi hatte nicht genug Benzin im Tank. Wahrscheinlich fährt es sonst immer nur kurze Strecken im Stadtbereich. Ist ja vielleicht auch nicht normal, so weit raus mit einem Taxi zu fahren.

Nach 1 ½ Stunden Autofahrt waren wir in Campo, einer Ortschaft in der Nähe des Startpunktes. Ich konnte den Taxifahrer überreden, mich noch etwas näher zum Southern Terminus zu fahren und in seiner Nähe abzusetzen.

Und da war er nun, der magische Punkt und der magische Moment an der Grenze zu Mexiko. Ich gebe es zu, ich hatte Pipi in den Augen. Von einem Volunteer wurde ich gebriefed, bekam ich noch ein paar gute Ratschläge und ein paar Sticker. Von nun an wird es nordwärts gehen.

Southern Terminus

Dann ging es in glühender Hitze los. Die erste Meile ist schnell geschafft. Erst mal bis Campo. Kurzer Stopp im berühmten Green Store, das vorerst letzte Mal Wasser mit Geschmack und dann rein in die Natur. Einfach wunderschön! Immerzu huschen Eidechsen über den Weg oder man wird von Kolibris verfolgt. An einer Wasserstelle treffe ich dann auch ein paar Mithiker und komme mit ihnen ins Gespräch. Ganz schön international! 2 Amerikaner, 2 Schweizer, 1 Däne und eine Serbin. Aber das hatte mir die Dame am Start schon erklärt. Die Anzahl der Starter mit amerikanischem und deutschem Background würde sich die Waage halten und etwa 90 Prozent der Starter sein. Nur der Weg ist nicht toll! Nicht, dass man ihn nicht findet, er ist entweder felsig steinig oder aber schön sandig. Und außerdem immer mal steil bergan. Das ging ganz schön an die Substanz, so dass ich heute nach nur 9 Meilen (bin ja auch erst Mittag gestartet) erst mal nach einem Platz fürs Zelt gesucht habe. Dank der FarOut App findet man auch eine Tentsite, denn einfach irgendwo sein Zelt aufstellen, geht nicht! Mein Abendessen war auch nicht der Burner. Der vom Vorabend übrig gebliebene Burrito war zwar durch die Sonne schön warm, aber leider auch geschmacklich nicht ganz okay. Schon hier ein Risiko eingehen wollte ich nicht und entsorgte ihn einfach in der Wildnis. Soll man zwar nicht machen, aber was soll's. Vielleicht bekommt besser ein Schakal den Durchfall und nicht ich. Hunger habe ich dank der Anstrengung des Tages sowieso nicht. Mal sehen, wie es morgen läuft.

Zweiter Tag

20. Mai 2022

Man sagt, der zweite Tag sei der schwerste. Genauso kam es mir auch vor.

Ich habe heute Nacht fast nicht geschlafen. Bin wahrscheinlich immer noch im Jetlag. Um 6 Uhr bin ich dann auch schon los. Es waren gerade mal 10 Grad (So sagt das Handy.) und damit zum Laufen ganz gut. Wenn da bloß nicht die sandigen Wege und fast immer nur bergauf waren. Und dann kam die Sonne, die einem den Hirnschmalz rausbrennen wollte.

Ich habe öfters den Schatten gesucht und relativ oft gerastet. Naja, Wasser war dann auch fast aufgebraucht. Da war es gut, dass Greg in Lake Morena am Ende des Tages ein Bier übrig hatte und mir schenkte, bevor er selbst noch ein Stück weiterzog. Mann, hat das gezischt! Duschen war das Highlight!

Ich werde heute hier auf einem Zeltplatz übernachten. Bissel Wäsche waschen, Akkus (auch meinen) laden und mal sehen, wie es morgen weitergeht. Der Trail ist kein Spaziergang! Irgendein Witzbold hat nahe des Zeltplatzes ein Schild aufgestellt; Mexico – 22 Miles, Canada – 2.643 Miles. Wenn das nicht motiviert?!

Abends bin ich noch mal kurz in den „Ort" gegangen (So nennt man das, wenn mehr als 2 Häuser nahe beieinander stehen.) und habe mir einen Burger und Cola gegönnt. Eigentlich wollte ich mit einem Bier, vor dem Restaurant sitzend, den Tag beenden, aber das ist nicht erlaubt. Deshalb also Cola!

Penny Pines – Mile 48,7

23. Mai 2022

Dieser PCT ist kein Spaziergang! Es ist sehr, sehr heiß, selten mal ein bisschen Schatten und steile, sandige und geröllige Anstiege. Manchmal möchte man das alles verfluchen! Aber es gibt auch die superschönen Momente. Danke Klemens, dass du mich infiziert hast und danke, meine liebe Andrea, dass du mir erlaubt hast, diesen Traum zu realisieren.

Früh am Morgen bin ich wieder losmarschiert. Der Himmel war bedeckt, es war ein bissel frisch und es sah nach Regen aus. Den Weg hatte ich gestern Abend schon gesehen und wollte mit einer „Abkürzung" dort hin. Aber... Die Abkürzung verlief sich dann irgendwo auf zwischen Büschen in Sand und der Trail war mit bloßem Auge nirgendwo zu finden. Gut, wenn man dann die FarOut-App hat und dank GPS wieder zum eigentlichen Weg findet! Nach einer Weile wurde es mal wieder ziemlich heftig. Es ging wieder steil bergan und die Sonne knallte wieder von oben. Von irgendwelchen Wolken gab es keine Spur mehr. Wahrscheinlich hat der Song doch recht: „It never rains in Southern California!"

Aber dann gab es bei Boulder Oaks gegen Mittag erstmals Trailmagic. Eiskalte Zitronenlimonade aus einem 50-Liter-Thermosgefäß. Einfach so! Da musste ich gleich mal 1 1/2 Liter in mich füllen! Das war zwar bestimmt die blanke Chemie, aber so guuut! Trailmagic wird von ehemaligen Hikern oder Fans des PCT einfach kostenlos an die PCT-Hiker gespendet. Man weiß nie so genau, wann und wo das passiert und was es geben wird. Aber dass es passiert, ist einfach herrlich! So sind sie, wirkliche Trail Angels!

Nachmittags und auch am nächsten Morgen hatte ich dann mein erstes Tief. Ich konnte einfach nichts essen. Die Riegel sind eklig und der Mund staubtrocken. Da kriege ich einfach nichts runter. Ich habe mich bis Mount Laguna geschleppt und wollte dort auf dem Zeltplatz mal einen Tag ausruhen. Da es bergein ging und ich mich dann doch wieder etwas besser fühlte, lief ich weiter. Und dann erzählten mir andere Hiker etwas von einem Restaurant in der Nähe! Dort im Pine House Café an der Straße gab es leckerste Pancakes und Obst! Außerdem 5(!) Cola und ein Fat Boy Bier. Damit nicht genug, leistete ich mir vor einem General Store auch noch ein Ben & Jerry´s Eis. 1000 ml Chunky Monkey wird von jetzt an mein Kalorien-Favorit auf dem Trail. Das half mir wieder tüchtig auf die Beine, so dass ich doch noch 8 Meilen gelaufen bin. Und das war gut so! 29 Dollar für einen Zeltplatz gespart und zum ersten Mal so richtig die Wüste gesehen. Ich hatte wieder feuchte Augen. Einfach imposant! Bloß gut, dass man noch nicht weiß, wie heiß es dort unten sein wird, denn bis jetzt bewegen wir uns ja immer oben auf den Bergen. Hallo, man darf nicht vergessen, es ist der Pacific Crest(!) Trail!

Heute Nacht wird wieder in der Wildnis geschlafen! Aber Vorsicht! Große, mächtige, alte Bäume sind ein schöner Platz, vor allem für das Erinnerungsfoto! Aber ...! Ich hatte am Stamm einer uralten Eiche meinen Rucksack abgestellt um mein Zelt aufzubauen, und sofort begann eine massive Invasion richtig großer Ameisen auf selbigen! Die 1,5 cm großen Insekten zu vertreiben, ist gar nicht so einfach und teilweise auch echt schmerzhaft. Dennoch, ich habe hier übernachtet und ein kitschiges Foto aufgenommen.

Julien – Mile 77

24. Mai 2022

Der heutige Tag hatte gleich 2 Höhepunkte zu bieten. Morgens um 7 Uhr habe ich den 50 Milemarker erreicht. Da kommt schon etwas Freude auf!

Mile Marker

Ja, und ansonsten geht es wieder bergauf und bergab in glühender Hitze. Nicht mehr ganz so steil, wie in den Tagen zuvor – oder habe ich mich schon ein wenig daran gewöhnt? - aber trotzdem anstrengend!

Manchmal führt der Trail auch an einem Berghang entlang, von wo aus man einen herrlichen Ausblick ins Land hat. Neben dem 2 Meter breiten Weg geht es dann aber auch steil in die Tiefe. An so einer Stelle habe ich dann auch einen sehr seltsamen Felsblock gesehen, auf dem Bilder von meist jüngeren Menschen zu sehen waren. Das Ganze zierte ein Totenkopf. Wie ich später erfuhr, war dies nicht nur ein schöner Aussichtspunkt sondern auch ein Absprungort für welche, die eben keine Aussicht mehr hatten.

Als ich heute Mittag, nach einer Rast im Schatten eines Wassertanks am Sunrise Highway, meine Trinkflaschen füllen wollte, hielt eine Autofahrerin an und fragte mich, ob ich nach Julien wolle? Na klar wollte ich das! Ich musste ja mal wieder was zu Essen kaufen! So nahm sie mich in ihrem vollgemüllten Toyota mit, und ich komme in eine kleine Westernstadt mit entsprechendem Hotel. Wirklich nostalgisch! Es wurde von 3 ehemaligen Sklaven im 19. Jahrhundert gegründet und die Einrichtung stammt aus dem Beginn des 20. Jahrhunderts. Naja, billig war es nicht, obwohl ich als PCT-Hiker 10 Prozent Rabatt für die Übernachtung bekam. Endlich mal Duschen, Wäsche waschen und in einem Bett schlafen! Und WiFi! Endlich mal wieder Kontakt mit der Heimat!

Abendbrot gibt's beim Italiener. Es gibt sogar Weißbier! Naja, so nennt man das halt. Schmeckt völlig anders als gewohnt und ist eher in der Kategorie „naja" einzuordnen. Dafür war das Essen oberlecker. Allein von der Vorspeise war ich schon pappensatt! Ich weiß nicht, ob man auf Vorrat wirklich essen kann, aber Kalorien werden auf dem Trail massiv gebraucht und auch verbrannt. Den Tipp für den Italiener bekam ich übrigens von einem älteren Herrn im Hotel, der angeblich die einzige Fabrik in den USA besitzt, die deutsche Brezeln herstellt. Wir wollen das mal glauben! Er und seine Frau waren sehr nett und ich habe mich mit ihnen lange über alles Mögliche unterhalten.

Morgen hat mich der Trail wieder!

Alles klebt – Mile 101

26. Mai 2022

Die Dame, die mich nach Julien mitnahm, brachte mich auch wieder zurück auf den Trail nach Scissors Crossing. Ich hatte die romantische Vorstellung, dass das eine große Wegekreuzung in einem tiefen Wald sei. Eine Kreuzung wie eine Schere heißt das übersetzt. Aber es klingt schon irgendwie romantisch, wie alter Western. Tja, und die Wüste ist auch wie im Western. Weit und breit kein Baum. Nur einzelne kahle Büsche und Kakteen in Formen und Farben, wie ich sie noch nicht gesehen habe.

Irgendwelche schönen Vögel konnte ich nirgendwo entdecken. Nur die, welche weit oben nach Aas Ausschau halten. Die ignoriere ich aber einfach.

Und es ist wieder schrecklich heiß. 10 Uhr und 32 Grad im Schatten (Sagt das Handy.), wenn es den denn gäbe. Man hangelt sich von einem zum anderen etwas Schatten gebenden Gebüsch. Ich habe in meinem ganzen Leben noch nie so viel Wasser getrunken! 8 Liter auf 15 Meilen! Das viele Wasser ist ja ganz gut, aber es schwemmt eben auch die Elektrolyte aus dem Körper. Wahrscheinlich hat man deshalb auch immer wieder Durst, abgesehen davon, dass man ohne Ende schwitzt. Ein Hefeweizen oder ein gut gekühltes Radler wäre eine Alternative, aber woher nehmen? Keine Bilder! Bloß nicht an sowas denken!

Scissors Crossing

Alles klebt! Das Hemd am Körper, die Zunge am Gaumen und die Meilen. Es zieht und zieht und zieht sich! Und die Sonne immer im Zenit! Ich setze freiwillig mein Basecap und die Sonnenbrille auf, obwohl ich das bis dahin nie leiden konnte. Außerdem entfalte ich noch ein Seidentuch, welches ich einmal in Indien geschenkt bekam, über meinen Kopf. Es soll auch den Nacken schützen. Ich will nicht riskieren, im Genick einen Sonnenbrand zu kriegen. Tja, die richtigen Hiker tragen einen Sun-Hoody. Dafür bin ich wohl zu alt.

So geht es immer weiter in weiten Bögen den Berg hinauf und damit der Sonne noch ein Stückchen näher. Und trotzdem klage ich nicht und auch meine Motivation geht nicht in den Keller. Solch eine Landschaft habe ich bisher noch nie betreten. Leider ist die Kakteenblüte schon fast vorbei, aber was ich hier sehe, ist immer noch absolut beeindruckend. Und überhaupt ist jeder Tag auf seine Weise irgendwie schön und einmalig.

Und..., dann habe ich die 100 Meilen geschafft! Heute schlafe ich mal wieder in einem richtigen Bett, nachdem ich letzte Nacht in der Wüste kaum ein Auge zubekommen habe. Nichts mit Stille! Fluglärm durch die US Air Force! Außerdem, ich glaube, das habe ich mir verdient! Mal wieder duschen ist auch ganz chic. Ansonsten besteht die Körperhygiene draußen aus Zähne putzen und ordentlich lüften. Da das aber alle so machen, ist das nicht weiter schlimm!

Zum Schluss der heutigen Etappe geht es doch noch in ein kleines , nennen wir es mal Wäldchen. Endlich ein wenig Schatten, auch wenn die heiße Luft wie eine Wand steht. Aber fließendes Wasser tröpfelt aus einem Schlauch, so dass man erst einmal eine Minimalreinigung durchführen kann. Schließlich trifft man ja heute „Normalmenschen"! Ich habe mich dann heute am Nachmittag vom Trail abholen lassen und darum gebeten, mir gleich beim Abholen eine Dose eiskalte Cola mitzubringen. Immer nur Wasser ...?! So verbringe ich die Nacht im Mountain Valley Retreat. Das klingt gut und gewaltig, ist aber bloß eine einfache Absteige. Außerdem bin ich der einzige Gast. Die Gastgeber erklärten mir, dass es in diesem Jahr besonders heiß sei und ich besser die richtige Wüste, die ja erst noch kommt, lieber meiden sollte! Mal sehen, wie es weiter geht. Vielleicht lege ich auch mal einen Tag Pause ein? Wo ich keine Pause einlege, ist am Kühlschrank. Natürlich, wie alles in den USA (nicht nur in Russland), ist er riesengroß, eiskalt und mit „köstlichsten" Getränken gefüllt. Mann, hat das gezischt!

Warner Springs – Mile 109

27. Mai 2022

Nix mit Pause. Ich fühle mich wieder fit und es geht los. Eigentlich wollte ich schon um 7 Uhr starten, aber das Frühstück gibt es erst halb 9 Uhr. Das kann ich mir bei 100 Dollar Übernachtungskosten nicht entgehen lassen! Es war ziemlich reichlich, wenn auch wenig schmackhaft. Egal! Kalorien werden gebraucht! Ich darf nicht vergessen, dass ich in Amerika bin und nicht zuhause! Wir Vogtländer sind eben von unserer Küche ziemlich verwöhnt!

Der Weg hierher war heute nicht ganz so weit angelegt und auch nicht ganz so schwer. Dafür gab es ein großartiges Naturschauspiel.

Nach einem langen Stretch durch die Steppe kam ich zum berühmten Eagle Rock. Es ist schon verrückt, wozu die Natur alles fähig ist! Und ich hatte ihn ganz für mich allein. Wobei, es wäre schon schön gewesen, wenn noch jemand dort gewesen wäre. Dann wären die Fotos mit mir vor dem Felsen deutlich besser geworden.

Eagle Rock

Bereits gegen 1 Uhr war ich dann an der Straße nach Warner Springs. Warner Springs. Der Name der Stadt klingt irgendwie großartig. Naja, die Stadt hat aber nur etwa 15 Häuser, eine Tankstelle und eine Post. Und da musste ich heute hin, um mein Versorgungspaket weiterzuleiten, da ich den Inhalt im Moment nicht brauche. Bouncing nennt man das. Solange man das Paket nicht öffnet, kann man dieses immer wieder weiter schicken, ohne dafür nochmal bezahlen zu müssen. Also, warum das Zeug mit sich rumtragen, wenn man es versenden kann? Leider liegt der Ort etwa eine Meile vom Trail entfernt. Hitch Hiken klappt nicht wirklich, da mittags kaum ein Auto vorbeikommt. Und wenn, dann ist es die Polizei und das kann unter Umständen Ärger geben, denn Hitch Hiken ist in Kalifornien verboten. Also zu Fuß und mit vollem Gepäck in der prallen Mittagssonne auf heißem Asphalt nach Warner Springs.

„Mittagessen" gab es gleich an der Tankstelle daneben mit dem berühmten Hotdog von Fat Dog aus eigener Herstellung. Und außerdem … BUD Light und Dill Pickle – also Gewürzgurke. Selbige ist einzeln verpackt und eingeschweißt. Geschmacklich hat sie eigentlich nichts mit den uns bekannten Gewürzgurken zu tun. Dennoch kam da doch ein wenig Heimatgefühl auf.

Danach denselben Weg wieder zurück und am Straßenrand warten, bis das Community Center das Tor um 16 Uhr öffnet. Es gehört zu einer Schule und es ist offensichtlich nicht erwünscht, dass die braven Schulkinder solche abgefuckten Gestalten wie uns Hiker zu Gesicht bekommen. Das Center ist dennoch ein beliebter Treff der Hiker Community, da man hier duschen und Wäsche waschen kann. Man gibt sich gegenseitig Tipps für den Trip und tauscht Erlebnisse aus, bevor man wieder weiterzieht, um in der Wildnis zu übernachten, denn dieses ist auf dem Gelände nicht erlaubt.

Auch ich ziehe noch etwa 4 Meilen weiter bis es dunkel wird und stelle mein Zelt schon fast in der Finsternis auf.

Paradise Valley Café – Mile 152

29. Mai 2022

In den letzten Tagen ging es wieder viel bergauf und bergab. Jeden Tag bestimmt 1800 Höhenmeter. Es ist unglaublich, wie viel Wasser man jeden Tag trinkt. Das sind geschätzte 8 Liter. Bis jetzt hat es auch immer mit dem Wasser Auffüllen geklappt. Mal gibt es einen Water Cache (Das sind abgestellte Trinkwassergallonen zum Befüllen der eigenen Wasserflaschen.) oder auch mal große Wassertanks. Klar, dass auch diese Plätze Hikertreffpunkte sind. An einem dieser Wassertanks gab es sogar einen Bücherstand, aus dem man einfach Bücher mitnehmen bzw. auch ablegen konnte. Bloß, wer schleppt schon so etwas Schweres wie ein Buch mit sich rum? Nicht vergessen: Es geht um jedes Gramm! Hörbücher auf dem Handy sind da sehr beliebt!

Mikes Place sollte mein heutiges Ziel sein. Mike ein Idol und , das Essen welches er dort für die Hiker macht, soll einmalig kreativ hergestellt werden. Tja, war aber leider nix. Auf dem Gelände war niemand zuhause. Wenigstens gab es frisches Wasser aus riesigen Tanks.

Mikes Place

Gestern war es glücklicherweise nicht ganz so warm, dafür aber sehr, sehr windig, um nicht stürmisch zu sagen. Naja, und in einer Höhe über 2000 Meter ist nicht mehr viel mit Windschatten. Es gab an der Tentsite in einem kleinen Tal einen Watercache und ein paar Bäume. Zeltaufstellen war dann aber sehr speziell. Ich habe mein Zelt windgeschützt unter einer Kiefer aufgestellt und hätte das vielleicht doch nicht so unbedingt tun sollen. Der Sturm hielt die ganze Nacht an und blies jede Menge Sand ins geschlossene Zelt. Ich hatte doch ein wenig Angst, dass etwas vom Baum abbrechen und das Zelt beschädigen könne, was aber glücklicherweise nicht passierte. Mit Schlafen war auch nicht viel. Bloß gut, dass ich in dem Zelt lag. So konnte es wenigstens nicht fortfliegen. Heute Morgen ist alles nass und durch den Sand schmutzig geworden. Außerdem habe ich mehrere Harzflecken auf dem Rainfly. Klebt super und der Dreck geht an den Stellen auch nicht weg. Man kann eben nicht alles haben im Leben!

Aber einen Lichtblick gab es. 150 Meilen überschritten und in 4 Meilen das kultige Paradise Valley Café. Endlich mal wieder was „Gescheites" zu Essen und zu Trinken. Und es war wirklich lecker. Ich bestellte mir Hashbrowns mit Rührei, Speck und Guacamole. Dazu Toast und Marmelade. Außerdem Kaffee – und den bekommt man ja kostenlos als Refill, solange man möchte. Da ich ja nach dem Kaffee immer noch gern etwas kühles Spritziges mag, bestellte ich mir wieder Cola-Soda. Auch das bekommt man auch solange kostenlos nachgeschenkt, wie man möchte. Ich habe wieder 1,5 Liter Cola getankt und meine Mitwanderer, die meinen Beruf als Zahnarzt herausbekommen hatten, verpassten mir jetzt auch meinen Trailnamen. Ich bin jetzt Dr. Cola! So einen Trailnamen bekommt fast jeder, es sei denn, man hat sich selbst schon einen gegeben. Er gibt doch ein wenig Anonymität bzw. baut Vorurteile ab. Man lebt ja schließlich in einer Community. Oftmals kennt man von anderen Hikern gar nicht den richtigen Namen. Wie gesagt, spielt ja auch keine Rolle. Eigentlich wollte ich mich Silver Curl (Silberlocke) wegen meiner doch schon grauen Haare nennen. Aber nein! Die Community stimmte dagegen. And now - Dr. Cola is hiking on!

Paradise Valley Café

Idyllwild – Mile 180

30. Mai 2022

Okay, heute bin ich nicht die ganze Strecke gelaufen. Ein Teil des Trails war wegen eines Bergsturzes im letzten Jahr noch mit hazardous eingestuft. No risk, nonetheless fun! Muss man ja nicht unbedingt haben! Ich habe ja auch meiner Frau versprochen, keinen Unsinn zu machen! Und so habe ich mich vom Trail talwärts bewegt und mich dann ein Stück mit dem Auto mitnehmen lassen. Der Ort liegt etwa 5 Meilen vom Trail entfernt im Strawberry Valley.

Idyllwild und Strawberry Valley, das klingt schon fast romantisch! Genau das Gegenteil ist der Fall! Hier steppt der Bär!

Monument im Zentrum

Der blanke Touri-Treff. Außerdem haben die Amis durch den Memorial Day auch noch langes Wochenende! Ich habe das Gefühl, hier sind Tausende im Ort. Wenn ich das gewusst hätte, hätte ich einen großen Bogen um den Ort gemacht. Aber ich musste hierher, da ich Esserei auffüllen musste (resupply).

Auf dem Zeltplatz gibt es an der Ausfallstraße eine sehr preiswerte Ecke für PCT-Hiker. Endlich mal wieder Klamotten waschen, war angesagt. Vor allem die Wandersocken! Diese werden nämlich durch den Schweiß mit seinem Salz hart und härter und fangen an zu reiben. Nicht vergessen, ein Hiker wechselt nicht jeden Tag die Strümpfe! Das Wasser war schwarz, wie die Nacht, obwohl ich kein Waschmittel hatte! Richtig sauber sind sie natürlich auch nicht geworden. Was solls! Auf dem Trail sind alle dreckig und man will ja auch nicht auffallen! Auch die Akkus mussten mal wieder aufgeladen werden. Das geht aber nur auf 3 Toiletten, sonst nirgends. Auch nicht an der Rezeption. Da haben die Officer und Ranger etwas dagegen, da es dort wohl mal einen kleinen Brand gegeben haben soll. Also reihe auch ich mich in die Wartegemeinschaft der Strombedürftigen ein und habe bei der

Gelegenheit einen evangelischen Pfarrer aus Südkorea kennengelernt, der auch auf dem PCT läuft. Der PCT ist wirklich international.

Den Nachmittag verbringe ich in der Stadt. Schlendere ein wenig über den Farmers Market, der aber nichts weiter zu bieten hat, schaue ein wenig in diverse Touri-Geschäfte, kaufe Lebensmittel für die nächsten Tage und besuche natürlich auch die ortsansässige Brauerei, das heißt, deren Gaststätte (Idyllwild Brewpub). Und die ist proppevoll. Ich muss eine Viertelstunde am Tresen anstehen, um meine Bestellung aufzugeben, und das, nachdem ich auch schon 20 Minuten vorher am Einlass zugebracht habe. Wie schon gesagt, es ist Feiertag und die Massen sind unterwegs.

In diesem Restaurant war ich der einzige Hiker. Die Preise sind einfach unverschämt und Hiker achten sehr auf Geld bzw. der Ausgabe dessen. Okay, die meisten Hiker sind relativ jung. Etwa um die 30 Jahre. Da hat man im Leben noch nicht viel gespart und während der Zeit auf dem Trail kommt auch kein Geld ins Portemonnaie. Da kann man keine großen Sprünge machen.

Morgen geht es wieder los und hinauf in die Berge.

Leben ohne Rasierapparat

Mt. San Jacinto Wilderness – Mile 193

31. Mai 2022

Hey Satchmo, alter Junge, du hattest Recht! What a wonderful world!

Der Tag ging schon gut los. Im „Dorfkonsum" konnte ich mir als Frühstück einen heißen Kakao kaufen. Der kam zwar aus einer Maschine, war aber trotzdem oberlecker. Dann ab an die Straße und darauf gehofft, in die Nähe des Trails mitgenommen zu werden. Naja, das hat etwa eine Stunde gedauert, bis jemand anhielt. Früh um 7 Uhr ist auch fast niemand auf der Straße. Wie gesagt, es ist ein Touri-Paradies und die stehen nicht so zeitig auf.

Ein Waldarbeiter nahm mich in seinem mülligen Pick Up mit zu einem Parkplatz, von dem aus es zum Trail ging. Es war noch recht frisch am Morgen, aber das sollte sich gleich ändern.

Um 8 Uhr ging es dann richtig los. 3,5 Meilen nur bergauf. Bestimmt 1500 Höhenmeter. Da wird einem schnell schön warm. Je höher ich komme, umso schöner werden die Aussichten. Ist ja eigentlich immer so, aber hier besonders!

Komisch, irgendwie wollte ich heute nicht so richtig in die Gänge kommen. Ein Blick in die App erklärte es mir dann. Ich bewege mich in Höhen von 3000 Metern! Da darf man schon mal schnaufen!

Und dann die Natur! Ich hatte das Gefühl, in einem Film von National Geographic Akteur zu sein.

Mt. Jacinto Top

Nachdem ich endlich oben auf dem Bergrücken bin, mache ich schon mal Rast und treffe dabei einige Hiker, die nicht zur PCT-Gilde gehören. Man hat echt Respekt davor, was ich tue und hat mir auch gleich Telefonnummern gegeben, falls ich mal Hilfe bräuchte. Ich könne ja auch mal bei ihnen vorbei kommen. Das wird wohl eher nichts werden! Dann geht es los: den Trail verlassen und hinauf zum Mt. Jacinto auf 3302m. Von hier hat mein eine Wahnsinnsaussicht. Aber ich glaube, solche Gipfelbesteigungen werde ich mir in Zukunft doch verkneifen, da man vom Trail aus auch herrliche Panoramen sehen kann. Blöder Nebeneffekt der Besteigung war auch, dass ich beim Abstieg den Trail verfehlt habe und zu weit abgestiegen bin! Mist! Also nochmal hoch und immer auf das GPS achten! Gut, dass es so etwas gibt! Wie wird das gewesen sein, als das alles noch mit Karte und Kompass stattfand?

An einer wunderschönen Tentsite in dieser Wilderness baue ich mein Zelt etwas Abseits des Trails für die Nacht auf, koche meine Nudeln, die ich natürlich ganz schnell aufgegessen habe, und liege nun in meinem Zelt, lausche den Vogelstimmen und warte darauf, dass es dunkel wird.

Cabazon - Mile 210

1. Juni 2022

Heute Morgen ist strahlend blauer Himmel. Das hatte sich ja am Abend bereits angedeutet. Aber solch einen Himmel habe ich beim Aufstehen noch nicht erlebt! Genau so kann man sich „Himmelblau" vorstellen. Das liegt sicherlich erst mal am Top-Wetter, der Höhe (Ich bin ja im 3000-Meter-Bereich.) und sicherlich auch der fehlenden Luftverschmutzung. Industrie gibt es hier ja im Umkreis von mehreren Hundert Meilen nicht.

Ist das nicht ein schöner Weg für einen Morgenspaziergang? Dachte ich mir auch. Auch sollte es heute nur bergein gehen. Jedenfalls zeigte es mir FarOut so an. Das sollte doch nicht weiter schlimm werden?! Typischer Fall von „Denkste"! Man muss auf jeden Schritt schrecklich Obacht geben. Ganz schnell kann man im Sand taleinwärts ausrutschen. Oder ein Stein, auf den man steigen wollte, kippt plötzlich weg. Jedenfalls habe ich zeitlich überhaupt nichts gewonnen – eher das Gegenteil war der Fall - und bin nicht, wie geplant, zur Zeit am Ziel, sondern erreiche selbiges etwa eine halbe Stunde später.

Es wird natürlich auch wieder immer heißer! Das ist halt so, wenn man wieder auf die Wüste zusteuert. Da hat man auch fast den 200 Mile Marker übersehen.

Noch ein Mile Marker

Es gibt weit und breit keinen Schatten. Das nächste Wasser soll es erst unten im Tal an einem Wasserhahn geben. Hoffentlich läuft da noch was! Ich passe elend auf, dass ich keine Klapperschlange übersehe oder vielleicht sogar auf eine trete. Die gibt es hier. Ich habe welche gehört, habe aber dann nicht nach ihnen gesucht, und eine auch gesehen. Die schlängelte sich so am Hang neben dem Weg entlang.

Unter einem riesigen Felsen finde ich dann doch einen Rastplatz, wo ein wenig Schatten ist und man das Gefühl hat, dass es kühler sei. Vorsichtshalber nochmal nachgeschaut, ob da irgendwelches Getier mich beim Essen meines Riegels und dem „Genuss" des letzten Wassers (Ich hatte 7 Liter im Gepäck.) stören könnte. Gut! Keine Schlange! Nix! Und dann kam doch noch Besuch zum Mittagessen!

Chuckwalla

Ein Pärchen Chuckwallas, das sind Echsen aus der Gattung der Leguane, schaute, was ich so treibe. Die sehen schon wie aus einer anderen Zeit aus und sind sehr, sehr scheu.

Dann immer weiter bergab in die Wüste. Aufpassen beim Absteigen, denn man ist bei den Temperaturen nicht mehr so richtig konzentriert. Oder ist es doch der Wassermangel? Und dann endlich unten.

Heiß, heißer, Wüste! Man sehnt sich nach einem Tropfen Wasser. Kam ja dann auch!

Brennend heißer Wüstensand

Glücklicherweise lief das Wasser. Okay, man sollte es besser abkochen, was ich aber nicht tat. Ich bin davon ausgegangen, dass das schon in der Wasserleitung durch die Sonne abgekocht wurde. Ist mir auch gut bekommen.

Dann weiter durch den schattenlosen Sandkasten! Um einfach mal eine kurze Rast in etwas Schatten zu machen, habe ich mich einmal in einen Busch gelegt. Ja, richtig gelesen, in einen Busch! Also Zweige beiseite gedrückt, reingelegt (Rucksack blieb natürlich davor) und die Zweige über mir zusammenfallen lassen. Bequem war das nicht, aber immer noch besser als in der prallen Sonne zu stehen. Vom in der App versprochenen Trailmagic an der Straße keine Spur! Immer weiter durch den Sand. Ich habe das Gefühl, kaum vorwärts zu kommen. Es ist wie Ostseestrand, nur viel, viel wärmer.

Aber dann! Am Ende der heutigen Etappe, unter einer Autobahnbrücke gab es doch noch das Paradies für Hiker! Richtiger Schatten! Eiskalte Getränke! Eisgekühlte Melonen und Orangen! Und ein Sofa! Ich verrate mal lieber nicht, was ich alles verdrückt habe!

Danach konnte ich wieder die Welt retten! Die Motivation hatte wieder ihren Höchststand erreicht. Also auf zum Resupply nach Cabazon! Hoch auf die Zubringerstraße zum Highway und keine 10 Minuten Wartezeit. Beim Autostopp nach Cabazon hat mich eine Rangerin mitgenommen. Was sie da erzählte, hörte sich dann aber gar nicht gut an. Sie hätten vorgestern einen älteren Herrn (58 Jahre) aus der Wüste holen müssen, weil nichts mehr ging! Sie riet mir dringend an, den Abschnitt zu überspringen. Es sei dieses Jahr besonders heiß. Heute sollen es 124 Grad Fahrenheit (52 Grad Celsius) in der Wüste gewesen sein, was mir aber zu hoch erscheint. Deshalb also dieses Backofengefühl! Ich werde wohl lieber diesem Rat folgen. Außerdem habe ich meiner lieben Frau versprochen, nichts Gefährliches zu tun. Ich glaube, hier ist der Moment gekommen, wo man lieber nicht mit dem Kopf durch die unsichtbare Wand muss.

Die Rangerin bringt mich nach Banning-Beaumont unweit von Cabazon in ein Hotel (Hampton Inn) und erklärt mir, dass dies ein guter Ausgangsort für eine Weiterreise wäre, wenn ich nicht durch die Wüste ginge. Und wenn ich doch auf den Trail zurück wolle, ist es ja nicht weit. Das Hotel liegt ja dicht am Highway. Außerdem gäbe es hier in Banning bei Danny's gutes, gesundes amerikanisches Essen. Gibt's das wirklich?

Ich bekomme glücklicherweise auch ohne vorherige Reservierung ein Zimmer im Hotel (Die Rangerin hätte mich sonst weitergefahren. – Dankeschön!), kann mal wieder meine Wäsche waschen und die Zeit bis zum Abendessen mit der Planung meiner Weiterreise überbrücken. Hier im Hotel habe ich übrigens das erste Mal einen Laundry-Automat bedienen müssen. Das ist schon eine kleine Wissenschaft, zumal, wie sich später herausstellt, jeder Automat beim Bezahlen anders funktioniert! Glücklicherweise waren die Damen an der Rezeption so nett, mich in die Geheimnisse des Wäsche waschens einzuweihen und mir auch die dafür notwendigen Ein-Dollar-Münzen im Tausch zur Verfügung zu stellen. Nach dem Waschen meiner Hose, des Hemdes, der Socken, der Unterhose und des Basecaps war ich 12 Dollar los. Wenn das kein Luxus ist?!

Jetzt aber erst mal ein gesundes amerikanisches Abendessen bei Dennys! Dazu muss ich noch etwa eine Viertelstunde die Straße hinab laufen. Dabei oute ich mich bestimmt als Ausländer. So weit läuft kein ordentlicher Amerikaner. Für solch weite Strecken nimmt man lieber das Auto. Am „Restaurant" angekommen muss ich feststellen: Ooops, das ist auch so eine Kette wie McDonalds. Ist aber deutlich sauberer, hat eine deutlich breitere Auswahl an Speisen und Getränken mit Kaffee- und Soda-Refills und das Publikum ist auch deutlich ordentlicher als bei der Kette mit dem großen goldenen M.

Ist das gesund?

Die Bestellung des Essens gestaltete sich ein wenig kompliziert. Der Akzent hinter der COVID-Maske der hübschen Kellnerin war für mich kaum zu verstehen. Sie nahm an, dass es an der Maske läge, dass ich sie nicht verstehe und nahm diese ab, um mir nochmals alles zu erklären und meine Bestellung aufzunehmen. Das hätte sie mal lieber nicht tun sollen, denn das, was ich da zu sehen bekam, war grauselig. Tiefe Karies soweit das Auge reicht! Durch die Löcher in den Schneidezähnen konnte ich fast das Gaumenzäpfchen sehen! Schade um das Mädel. Es zeigt aber auch, dass ein Zahnarztbesuch in den USA sehr, sehr teuer ist! Später erzählt mir eine Hikerkameradin, dass sie für eine kleine Amalgamfüllung zwischen 400 bis 800 Dollar bezahlen muss. Da tut nicht nur der Zahnarztbesuch weh!

Überhaupt Medizin! Irgendwelche Krankenversicherungen sind eher die Ausnahme, weil auch sehr, sehr teuer! Also privat! Ich habe mal irgendwo gelesen, dass 80 Prozent der Privatinsolvenzen auf nicht bezahlte Arztrechnungen zurückzuführen sind. Was geht es uns doch gut in Deutschland!

Bezahlung mit Bargeld? Das ging nicht. Bezahlt wird nur mit Karte. Und das Trinkgeld, von dem die Angestellten leben? Auch das wird mit Karte bezahlt, wobei man am Display eingeben kann, ob man 5 oder 11 oder 17 Prozent Trinkgeld gibt. Seltsame Trinkgeldsätze, fand ich. Ach ja, die Option „kein Trinkgeld" gibt es natürlich auch.

Tehachapi – Mile 566

2. Juni 2022

Bitte nicht wundern! Stimmt genau so!

Heute Nacht habe ich, frisch geduscht und in einem sauberen, weichen Bett liegend, von meiner Frau geträumt. Das war ein Zeichen! Deshalb habe ich beschlossen, die Wüste zu überspringen. Die Sache ist mir sprichwörtlich zu heiß!

Ich habe für mich festgelegt, dass man nicht jeden Schritt auf dem PCT gemacht haben muss. Das machen auch die Allerwenigsten. Wie nun plant man die Weiterreise? Glücklicherweise gibt es auch dafür eine App! Rome2Rio. Mal sehen, ob das klappt?

Also bin ich heute Morgen los Richtung San Bernardino. 400 Meter vom Hotel entfernt war die Bushaltestelle. Ich bezahlte beim Busfahrer 2 Dollar (Die öffentlichen Verkehrsmittel sind wahrscheinlich der einzige Ort, wo cash bezahlt wird!) und fuhr dann über eine Stunde mit dem Bus. Mit mir waren noch fünf, etwas schmuddelig angezogene, dunkelhäutige Mitfahrer an Bord. Ich habe das Gefühl, in Amerika fährt man nur in öffentlichen Verkehrsmitteln, wenn es unbedingt sein muss. Ein „ordentlicher" Amerikaner fährt mit dem Auto. Aber preiswert war es schon. Zuhause kommt man für 2 Euro nicht sehr weit!

In San Bernardino kam ich dann wegen eines Unfalls auf dem Freeway verspätet an und der Bus nach Barstow, meinem nächsten Stopp auf dem Weg nach Tehachapi, war weg.

Ich suchte mir eine Stelle in der Nähe des Highways in der Hoffnung, dass mich jemand mitnehmen könne. Irgendwie kam mir wieder mal ein Song in den Sinn. San Bernardino von Christie aus den 70ern. Während ich den Titel damals toll fand, fand ich meine Situation im Moment eher unerfreulich.

Ich habe dann am Zubringer zum Highway etwa 2 Stunden in der prallen Sonne am Straßenrand gestanden, bis mich dann endlich eine sehr seltsame, zahnlose „Dame" in ihrem sehr seltsamen Transporter mitnahm. Ich schaute ständig auf die Uhr, denn ich wollte ja den Anschluss in Barstow erreichen. Aber die Lady hatte die Ruhe weg. „Komm Junge, hast du Durst? Hier in der Box ist eiskalte Cola. Bedien´ dich!" Natürlich musste auch noch unterwegs getankt werden. Und das musste natürlich preiswert sein. Also weg vom Highway und erster Tankversuch. Nein, die Karte wurde beim Vorwählen der Tankmenge nicht akzeptiert. Also nächster Versuch an einem anderen Ort. Ich saß wie auf Kohlen!

4 Minuten nach Abfahrt des vermeintlichen Anschlusszugs erreichten wir endlich Barstow Station. Von hier aus sollte mich AMTRAK, die große amerikanische Eisenbahngesellschaft, nach Tehachapi bringen. Ich gab meiner Chauffeurin schnell 50 Dollar und sprintete mit dem Rucksack auf dem Rücken in das Bahnhofsgebäude. Doch was war das? Das war kein Bahnhof! Das ist ein Einkaufstempel für Freunde der Route 66, die durch den Ort führt! Raus aus dem Gebäude auf den Platz dahinter! Und... Glück gehabt, da stand ein AMTRAK Bus. Ich sprach den Fahrer an, ob es vielleicht mein Bus nach Tehachapi sei? Und siehe da, er war es! Aber, ein Ticket für den Bus hätte ich vorher online buchen müssen. Da ich kein Ticket hatte, er mir kein Ticket verkaufen konnte/durfte, habe ich ihm das Geld für die Fahrt einfach so gegeben. Nach kurzer Diskussion – er dürfe das ja nicht – steckte er mein Geschenk doch ein und 2 Minuten später ging es los!

Es ging am Rand der Mojave-Wüste entlang und die Klimaanlage vom Bus schaffte es kaum. Am späten Nachmittag kam ich in der verträumten Stadt an, suchte mir eine Unterkunft, auch um dann hier am Nordrand der Wüste bei Walmart noch ein paar Einkäufe erledigen zu tätigen, sonst gibt es die nächsten Tage nichts zu essen! Der nächste Ort kommt erst in 90 Meilen.

Mein Laufpensum betrug heute nur die Strecke zum Supermarkt und zurück. Der liegt allerdings etwa eine Dreiviertelstunde Fußmarsch von meinem Hotel entfernt. Und abends um 6 Uhr ist es immer noch schön warm! Nicht nur am Äußeren, auch am Einkaufswageninhalt kann man erkennen, wer ein Hiker ist. Wer Ramen und Nüsse und Chips im Körbchen hat, will morgen früh auch wieder losziehen.

Zum Abendbrot habe ich mir heute mal einen Salat gegönnt. Man glaubt gar nicht, was man für einen Appetit auf Frisches, wie Obst und Salat, bekommt!

Tehachapi

Morgen hat mich der Trail wieder!

Birds Pass Spring – Mile 630

6. Juni 2022

Da ich nun ein paar Tage ohne Netz war, kommt hier eine kleine Zusammenfassung der letzten Tage.

Da meine kleine Unterkunft etwa 8 Meilen vom Trail entfernt war und ich schon mal was von Trailangels gehört habe, versuchte ich einen solchen über Handy zu kontaktieren, ob er mich vielleicht zurück zum Weg bringen könne. Und – Glück gehabt – findet sich eine junge Frau, die das für mich tut. Vorher mussten aber noch die Kinder in die Schule gefahren werden. Kurz vor 8 fuhr mich dann mein Trail Angel Kelsie zum Northern Trailhead. Klar! Es gibt zwei davon! Einen nach Norden und einen nach Süden. Und dazwischen etwa 12 Meilen, die Tehachapi heißen.

Dann ging es erst mal 1 1/2 Meilen gleich zum Aufwärmen auf und ab, vorbei an Joshua Trees, die ich hier zum ersten Mal in der Natur gesehen habe. Seltsamerweise kam mir der Weg irgendwie bekannt vor. Klar, hier an dieser Stelle fing die die Hauptfigur (Heutzutage heißt das Protagonistin.) aus dem Film „Wild" ihren PCT Hike an.

Und dann ging es hoch. 800 Höhenmeter auf 5 Meilen. Und immer straff windig. Komisch, dass der Wind immer von vorn kommt. Schuld daran sind bestimmt die vielen Ventilatoren, die hier rumstehen.

Apropos Joshua Trees. Natürlich musste ich mich mal unter solche setzen für ein Foto. Diese Gewächse sehen zwar sehr kuschelig aus, sind es aber überhaupt nicht. Ganz im Gegenteil! Die grünen puscheligen Blätter sind sehr hart und auch sehr, sehr spitz. Eigentlich müsste das einem klar sein, ist ja eine Wüstenpflanze (Yucca in der Familie der Agavengewächse). Aber sie sieht nun mal so gemütlich aus. Da hat man es mal wieder, den Unterschied zwischen äußerem Erscheinen und wirklichem Charakter!

Mojave-Wüste

Ansonsten ließ sich die Strecke ganz gut laufen. Mal wenig Sand, sondern sogar mal richtiger Boden. Und... kaum, dass man auf der anderen Seite des Berges ist, verändert sich alles. Plötzlich wird es grün und es sind Bäume da. So kam es, dass ich heute 21 Meilen geschafft habe. Eigentlich waren es ja mehr, da ich tatsächlich mal den Weg verfehlt habe. Ich hatte mir, wie immer, den Weg und seine Beschreibung vorher in der App angeschaut und da stand etwas von – beim Erreichen der Straße rechts abbiegen. Und genau das tat ich auch. Nach 1 ½ Meilen bergab wurde aus der Straße ein Weg und der war zugewachsen. Wenn hier Hiker lang sein sollten, müsste zumindest das Gras niedergetreten sein! War es aber nicht! Blick in die App – kein GPS! Ich bin auf jeden Fall fehlgelaufen. Also zurück und das Ganze bergauf, bis ich an meine Abbiegestelle kam. Und da sah ich es. Ich hätte einfach nur ganz gerade die Straße überqueren müssen! Der besagte Abzweig kam erst viel, viel später.

Hier war wieder einmal ein Treffpunkt für Hiker. Hier gab es Wasser. Das kam aus einem kleinen Schlauch gekleckert und floss in ein Becken. Alles schön voll Algen! Das war mir dann doch ein wenig suspekt, so dass ich doch mal lieber meinen Wasserfilter auspackte, um mir die „Köstlichkeit" in Flaschen zu füllen. Ja, ich weiß auch nicht, wonach das Wasser schmeckte. War´s der Geschmack des Filters, oder war´s das Wasser selbst. Egal! Wenn Nudeln darin gekocht werden, schmeckt´s nach Nudelsuppe!

Übernachtet habe ich einfach mal am Wegesrand. Eigentlich ist das nicht erlaubt und hätte, wenn ein Ranger vorbeigeschaut hätte, richtig Ärger gegeben. Aber so weit weg von irgendeiner Straße, wer soll da schon kommen? Kräftemäßig war ich auf einem Tagestiefpunkt, die nächste Tentsite wäre noch 3 Meilen entfernt gewesen. Außerdem wurde es schon dunkel.
Abendessen fiel aus. Ich wollte nur noch in meinen Schlafsack! Richtig gut geschlafen habe ich allerdings nicht. Es ist schon erstaunlich, wie weit man Windräder hören kann. Das nächste, welches ich sehen konnte, war bestimmt mehr als eine Meile weg von meinem Übernachtungsplatz! Ja, und dann gab es in der Nacht auch noch so ein seltsames Geräusch. Irgendetwas schnaufte in vielleicht 10 Meter Entfernung. Ein Bär? Ein Reh? Egal! Es hat mich ja in Ruhe gelassen!

Der nächste Tag ließ sich auch erstmal gut an. Schönste Wanderwege. Da macht das Wandern richtig Spaß!

Dann aber auch die reinsten Kletterpartien bzw. Hindernisläufe. Das hatten wir doch schon mal bei der NVA?! Das Meditative des Wanderns geht da schon verloren, da man aus dem Rhythmus kommt. Mal muss man über die Baumstämme drübersteigen, mal darunter durchkriechen, mal einen Umweg machen. Manchmal bleibt man auch an einem mit dem Rucksack hängen. Also, für Abwechslung ist gesorgt. Vielleicht werden deshalb die Stämme nicht vom Weg entfernt?

Heute ging es dann auch über den 600er-Mile Marker. Naja, so richtig nicht für mich, da ich ja die Wüste zum Teil ausgelassen habe. Auch war ich heute irgendwie schlapp und dann froh, als ich mein Zelt nahe einer Wasserstelle aufstellen konnte. Vielleicht war das Wasser vom Vortag doch nicht ganz einwandfrei?

Auch der nächste Tag war nicht unbedingt ein sehr schöner. Viel, viel Wind. Bei mir heißt das leider auch Kopfschmerzen. Und dann habe ich auch noch den Abzweig zur Wasserstelle verpasst! Habe es aber noch „relativ zeitig" bemerkt, so dass ich nur 1 1/2 Meilen zurück musste. Macht mal schnell 3 Meilen mehr. Ich habe dazu einfach meinen Rucksack in die Büsche gelegt und bin nur mit zwei Wasserflaschen zurück. Wozu muss man denn das schwere Zeug rumtragen. Hier in dieser Einöde wird doch nichts wegkommen! Ich glaube auch nicht, dass sich irgendein Hiker an meinem Rucksack bedienen würde. Erstens ist man eine Community und zweitens müsste er mehr mit sich rumtragen. Wer macht das schon, wenn doch jedes Gramm Gewicht zählt?

Der nächste Gag kam dann mittags. Ich hatte mich auf meiner Matte ausgebreitet und bin sofort eingeschlafen. Als ich munter wurde, waren 4 Stunden vergangen! Nun hieß es wieder Gas geben, was heute aber irgendwie nicht richtig ging. Habe es dann doch bis zum nächsten Watercache geschafft und dort mein Zelt aufgebaut. Kaum dass es stand, kam wieder heftiger Wind auf. Das wird heute bestimmt eine stürmische Nacht, obwohl man allein ist!

Und die war es dann auch! Ich hatte ehrlich Angst um das Zelt. Der Wind hat sich zu einem Sturm aufgebaut. Es war ein Wunder, dass der Stoff gehalten hat und keine Zeltstange gebrochen ist. Auch heute war es gut, dass ich im Zelt lag, sonst wäre es davongeflogen., was dann am nächsten Morgen auch beim Zusammenpacken passiert ist. Die Heringe halten nicht wirklich im Sand und mussten am nächsten Morgen eingesammelt werden. Vom Sand war natürlich auch wieder genug im Zelt. Somit gab es wieder ein körniges Frühstück.

Breakfast in America

Unter meinem Baumversteck habe ich heute Nacht nur den Wind heulen gehört. Das Zelt war in Sicherheit. Jedenfalls vor dem Wind. Nicht aber vor dem Harz der Kiefern, unter denen ich gezeltet habe. Davon habe ich nun einige Erinnerungsflecken auf meinem Außenzelt.

Als Start ging es gleich mal 460 Meter hinauf in die Höhe. Gut, dass der Berg noch im Schatten lag und der Wind schön kühlte. Übrigens: Ich bin schon halb 7 Uhr gestartet und war einer der Letzten! Je höher ich kam, desto heftiger stürmte es. Und dann kam Goethe (glaube ich). „Der Hut fiel mir vom Kopfe, ich wendete mich nicht!" Mit einer reflexartigen Handbewegung konnte ich gerade noch so meine Mützen retten!

Welches Lied fällt einem dazu ein? Richtig! Running up that Hill von Kate Bush! So richtig mitsingen konnte ich nicht. Erstens habe ich keine so hohe Stimme. Zweitens bin ich nicht textsicher. Das ist maßlos übertrieben. Ich kann den Text überhaupt nicht! Und drittens geht es ja heftig bergauf. Da macht sich Liedersingen nicht wirklich gut. Aber das Lied spukt im Kopf und gibt mit seinem Rhythmus den Laufrhythmus vor.

Der Sturm hielt dann auch wieder den ganzen Tag an. Selbst nachts und trotz schwerem Rucksack im Zelt (!) wurde Ich immer mal wieder hin und her gebeutelt. … und! Die Wüste hat einen wieder! Hört denn der Sandkasten überhaupt nicht auf? Auf einem Schild entdecke ich etwas für mich Außergewöhnliches. Hier in der Mojave soll es Schildkröten geben. Das sind bestimmt noch Relikte aus einer Zeit, als hier noch Meeresboden war.

Und so geht es den ganzen Tag wieder durch sandiges Gelände bergauf und bergab. Auch heute Abend ist es wieder sehr stürmisch. Der Wind legt sich leider nicht schlafen. Ich habe mein Zelt wieder in der Nähe eines Watercaches in der Nähe eines Joshua Trees und ein paar Büschen etwas windgeschützt aufgebaut. Hoffentlich bricht vom Tree nichts ab! Die „Blätter" sind so spitz und scharf und könnten mein Zelt beschädigen. Auf der anderen Seite des Caches zeltet Karen, eine junge Frau aus Israel, heute Nacht. Mal sehen, ob wir morgen ein Stück des Weges gemeinsam gehen?

Walker Pass – Mile 652

6. Juni 2022

Guten Morgen! Und was das wieder für ein Morgen war! Herrlichstes, aber immer noch stürmisches Wetter.

Nach kurzem Frühstück ging es beizeiten los. Da ist es noch nicht so warm und angenehm zu laufen. Die junge Frau hat mich nach etwa einer Stunde eingeholt und wir liefen dann gemeinsam weiter. Ich war ihr aber wahrscheinlich zu langsam und sie zog dann auf und davon. Sollte ich jetzt auch das Tempo anziehen? Ach nee, das wird wohl nichts. In meinem Alter kann und sollte man wohl jungen Frauen nicht mehr hinterher rennen!

Wüste, nix als Wüste

Ansonsten ließ es sich heute ganz gut laufen. Immer auf und ab, aber keine sehr großen Höhenunterschiede. Immer zwischen 1700 und 1900 Metern. Untergrund von Ostseesand und Waldboden. Und dann gibt es auch noch Dirt Road! Man freut sich irgendwie, mal festen Boden unter den Füßen zu haben, aber die Ernüchterung kommt. Das ist eine Mischung aus feinsten Sand und Boden, der wie Beton ist. Das lässt sich vielleicht bescheiden laufen!

Dirt Road

Die letzten 4 Meilen ging es dann nur bergab. Nochmal gegen halb 6 Uhr ein Anstieg, der nicht enden wollte, hinauf zum Walker Pass. Dort spendierte mir ein Trail Angel ein Wassereis und ich versuchte, nach Ridgecrest zu Hitchhiken. Großes Glück gehabt! Schon das zweite Auto, dass gefahren kam, nahm mich mit und brachte mich zu einem Motel. Das ging alles so schnell, dass ich gar kein Bild vom Walker Pass machen konnte!

Und nun, endlich mal wieder duschen! Man glaubt ja gar nicht, wie schmutzig eine Wanne vom Duschen werden kann!

Ridgecrest – Zero Day

7. Juni 2022

Ihr werdet euch fragen, was zum Teufel ist das denn? Ganz einfach! Nicht gewandert, keine Meilen, also Null!

Das musste jetzt mal sein. Nach den Anstrengungen der letzten Tage und der ökologisch sehr wertvollen, aber sehr sparsamen Hygiene musste ich einfach mal wieder unter eine

Dusche. Klamotten waschen war auch mal wieder angesagt, wobei mir noch niemand sagte, dass ich stinken würde. Außerdem riecht wahrscheinlich jeder Hiker etwas streng.

Leider hat aber der Waschsalon um die Ecke dicht gemacht und der nächste ist etwa 2 Meilen entfernt. Bleibt also nur das Waschbecken.

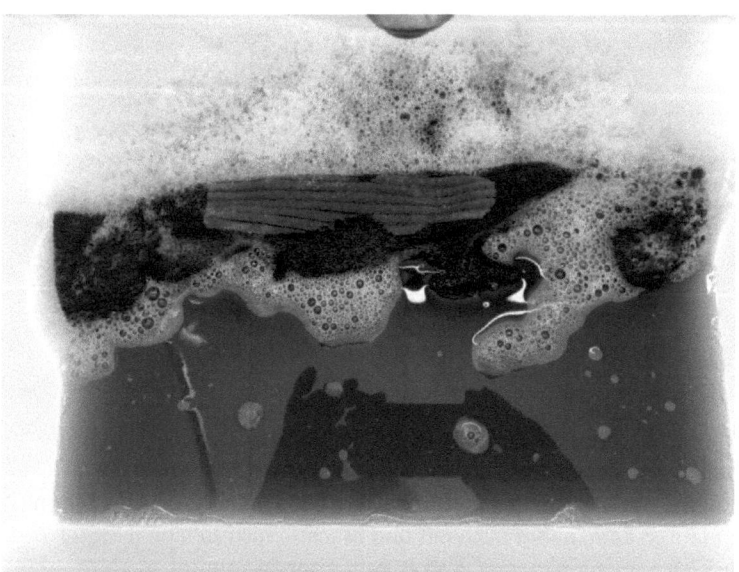

Nur 1 Paar Socken eingeweicht

Neben diesen hygienischen Dingen ist natürlich das Wichtigste das Wiederaufstocken der Essensvorräte. Naja, mal wieder was Richtiges essen im Ort ist auch ganz schön (Hier gibt es einen Chinesen mit „All you can eat", den ich wahrscheinlich sehr um den Gewinn gebracht habe.) Also, ich habe bei Walmart das Übliche gekauft. Chinese Noodles und Quaker Porridge. Das Zeug würde ich zuhause wahrscheinlich abwählen, aber hier müssen Gewicht und Kalorien in einem ausgewogenen Verhältnis stehen. Naja, und es muss für die nächsten 8 Tage reichen, denn erst dann habe ich wieder die Möglichkeit in die Zivilisation zu kommen. Dazu kommen noch ein paar Leckerlies und Obst (!), wovon ich aber das Meiste noch vor dem Start vernichten muss.

Einkaufen bei Walmart ist auch ein Erlebnis der besonderen Art. Da gibt es einfach alles, was der Mensch zum Leben „braucht" oder auch nicht. Und das ist das Meiste! Das alles in minderer, wenn nicht sogar bescheidener Qualität. Dem entsprechend sind die Preise. Man kann viel Geld sparen oder besser gesagt billig einkaufen. Wenn man nur die

Hikerstandards kaufen will, spart man Geld. Nur Nüsse sind sehr, sehr teuer. Was mögen die in einem regulären Geschäft kosten, so es denn eines gibt?

Hiker Food

So, morgen fährt mich dann ein Trail Angel zurück zum PCT und vielleicht auch schon ein wenig Richtung Kennedy Meadows. Wäre super! Das könnte Zeit und Kraft sparen, denn die brauche ich jetzt! Jetzt geht es richtig hoch in die Berge!

Nur nebenbei, in Ridgecrest sind heute 40 Grad. Da freue ich mich schon ein wenig auf die Höhen, wobei es dort schon wieder kalt sein kann und wahrscheinlich auch noch Schnee liegt. Lasst euch überraschen! Ich bin auch gespannt!

Kennedy Meadows - Mile 702

8. Juni 2022

Kennedy Meadows ist vielleicht der magischste Ort des PCT. Hier ist das Tor zur High Sierra. Hier treffen sich nochmals jede Menge Hiker, um Vorräte aufzufüllen oder Ausrüstung zu erneuern. Gut, dass ich in Ridgecrest bereits meine Lebensmittelvorräte aufgestockt habe. Hier im westernmäßigen General Store gibt es zwar alles Mögliche, aber Lebensmittel nur recht wenige. Die sind wahrscheinlich immer ganz schnell aufgekauft. Auch aus diesem Grund lassen sich viele Hiker ihre Lebensmittelpakete hierher schicken, außerdem kommt dann lange, lange nichts. Für viele Hiker ist hier auch der Ort, an dem das erste Mal die Schuhe erneuert werden. Mit den leichten Trailrunnern der Kultmarke Altra (Lone Peak) kommt man eben nicht wirklich weit. Die sind zwar schön leicht und die Sohle ist für mehr Grip recht weich. Aber eben das bestimmt dann auch die Haltbarkeit. Das textile Obermaterial ist beizeiten kaputt und die Sohlen abgelatscht. Meine Lowa dagegen sind noch tadellos in Ordnung. Okay, Profil fehlt schon ein bisschen.

General Store

Von Kennedy Meadows an ist es Pflicht, das Essen in einem Bärenkanister zu transportieren. Mir ist zwar nicht ganz klar warum, zumindest nicht in meinem speziellen Fall. Ich glaube nicht, dass Bären Haferflocken oder Chinese Noodles mögen. Sei's drum! Es ist Vorschrift, also wird es gemacht! Später höre ich, dass die Brüder alles fressen, was irgendwie fressbar ist. Selbst vor Zahncreme schrecken sie nicht zurück!

Bärenkanister

Also musste ich auch aufrüsten. Box, Microspikes, Gas. Außerdem habe ich dann doch noch in eine leichte Luftmatratze investiert. Da liegt es sich bestimmt bequemer und isoliert auch mehr, denn jetzt geht es hoch hinauf. Auf der Isomatte ist es nun infolge der Gewichtsabnahme (kein Fett auf den Rippen) auch nicht mehr gemütlich, sondern es drückt. Bei Burger und natürlich Cola werde ich jetzt mal noch die Mittagshitze abwarten, dann geht es wieder in die Wildnis.

Sequoia Wilderness – Mile 710

10. Juni 2022

Klingt komisch? Ist es leider nicht!

Gestern beim Aufsetzen des nun deutlich schwereren Rucksacks hat es im Rücken mal wieder komisch geknackt und erste Anzeichen wie bei einem Bandscheibenvorfall zeigten sich. Sowas kenne ich ja leider schon. Tut schrecklich weh und man möchte am liebsten sterben! Kein Witz! Selbst Ibuprofen 800 bringt da nichts! Habe ich aber nicht mit dabei! Ich habe das aber erst mal verdrängt und bin los. Ich wollte eh am Nachmittag nur die 8 Meilen bis zur nächsten Tentsite laufen. Dann würde sich schon wieder alles einrenken. Zumindest dachte ich das. Tat es aber leider nicht!

Auch nicht, nachdem ich die Nacht in fast kitschig schöner Landschaft verbracht habe. Deshalb habe ich mich heute Morgen schweren Herzens entschlossen, die 8 Meilen nach Kennedy Meadows durch die wunderschöne Landschaft zurückzugehen.

Es wäre in meinen Augen riskant, weiter raus zu gehen und dann nicht mehr weiter zu können. Hilfe kann ja auch nicht ohne weiteres kommen, zumal ich auch keinen Notfallpiepser besitze. Kaufen kann man solch ein Gerät hier draußen nicht.

Morgen werde ich versuchen, wieder in einen größeren Ort zu kommen, und erst mal abwarten. Wahrscheinlich muss ich das Gewicht reduzieren, und das geht nur ohne diesen blöden Kanister. Dann werde ich aber den wahrscheinlich (angeblich) schönsten Teil des Trails überspringen müssen und auch der und der legendäre Forester Pass sowie der Mt. Whitney muss auf mich verzichten.

Hmm! Mal sehen, wie es weiter geht.

Lee Vining – Mile 940

11. Juni 2022

Gleich zu allererst die gute Nachricht. Meinem Rücken geht es deutlich besser! Vielleicht war auch ein wenig Psychosomatik im Spiel? Ich hatte gestern am General Store den Rucksack gewogen: 22 kg! Dazu wären noch 3 Liter Wasser gekommen...! Dann das Ganze etwa 4 Wochen bergauf und bergab in Höhen von 3000 bis 4000 Metern schleppen! Ich fürchte, das wäre nicht gut gegangen.

Ich beschloss also, die High Sierra zu einem großen Teil zu überspringen (Das machen viele so.), da die Berge am Nordteil der Sierras nicht mehr ganz so heftig sind. Jedenfalls denkt man das, wenn man die Höhentabelle liest.

Den Abend und die Nacht verbrachte ich im Grumpy Bear Retreat, welches sich etwa 800 Meter vom General Store befindet und eine echte Konkurrenz zu diesem darstellt. Eigentlich ist das auch nur eine Kneipe mit Zeltmöglichkeit. Klar, es gibt wieder Burger und Cola, wobei die Burger erstens in größerer Auswahl und zweitens in deutlich besserer Qualität angeboten werden. Und es gibt hier jede Menge deutscher Hiker. Nette und spezielle.

Es ist schon interessant, wie manche an das Abenteuer Trail herangehen. Ein deutscher Ingenieur (wer sonst?!) konnte mir genau erklären, wieviele Kalorien er an welchem Tag verbrannt hat bzw. verbrennen wird und was genau und wieviel er zu sich nehmen muss, um diese wieder auszugleichen. Mann, oh Mann! Ich glaube, der wusste sogar ganz genau den Ort, wo er welche Kalorie wirklich verbraten hat. Man kann aber auch aus allem eine Wissenschaft machen!

Erwartungsfroh stellte ich mich also heute Morgen an die Straße, in der Hoffnung, dass mich jemand hinunter ins Tal mitnimmt, von wo aus ich dann mit dem Bus nordwärts fahren wollte. Was soll ich sagen? Das erste Auto hielt auch gleich an! Da stand ich allerdings auch schon fast 2 Stunden bei etwa 27 Grad am schattenlosen Straßenrand! Und das in 1900 Metern Höhe!

Mark und Penny

Dieses Ehepaar lud mich ein. Und was für ein Zufall, sie wollten nach Hause, nach Seattle! Somit konnte ich gleich den großen Satz nordwärts machen, ohne auf einen Bus warten zu müssen, der nur einmal am Tag fährt und den ich mit großer Wahrscheinlichkeit nicht rechtzeitig erreicht hätte… Ich hätte die beiden küssen können!

Mount Whitney

Der Highway ging immer an den Sierras entlang, die auf der Westseite lagen, und auch der Mt. Whitney war zu sehen. Das ist mit 4421 Metern der höchste Berg der USA außerhalb Alaskas. Da entlang hätte mich der PCT bei einem Tagesausflug geführt. Hmm...!?!

Auf der Fahrt hatten wir viel Spaß miteinander, auch wenn ich nicht immer alles verstand. Heute Nachmittag bin ich also in Lee Vining angekommen und habe glücklicherweise auch noch eine Unterkunft gefunden. Das ist nämlich gar nicht so einfach.

El Mono Hotel

Der kleine Ort (200 Einwohner) ist durch die Nähe zum Yosemite N.P. vollkommen touristisch erschlossen und die Unterkünfte sind fast vollständig ausgebucht. Wieder Glück gehabt! Mal sehen, wie lange die Glückssträhne anhält?

Den Nachmittag verbringe ich mit einem Stadtbummel. Das heißt, eigentlich ist das nur einmal 200 Meter die Straße auf und wieder ab. Aber hier gibt es ein sehr schönes Tourismusbüro, in dem man auch tolle Grafiken (echte!) kaufen kann. Ich war auf der Suche nach einem Bus, der mich zurück zum Trail bringen sollte. Den sollte es laut Internet geben und ich wollte mir einen Platz sichern. Nur leider konnte mir die nette Mitarbeiterin nicht helfen. Es gibt zwar einen Bus von Lee Vining zum Yosemite, aber der fährt nur in der Saison. Ich dachte ja, Juni wäre schon Saison? Leider nein.

Und ganz in der Nähe, (Nah, wenn man kein Fußgänger ist!) gibt es einen tollen See. Eben jenen, nach dem die Stadt benannt ist. Dieser ist sehr stark mineralisch und die Salze bilden die verrücktesten Formen inmitten des Sees bzw. dessen Rand. Das hätte mich ja sehr interessiert, zumal es dort auch viele Vögel geben soll, aber …

Auch für den Abend gibt es einen Tipp. Am „Stadtrand" in Richtung Yosemite gibt es eine Raststation mit Restaurant, in der es die besten Tacos der Welt geben soll. Nun gut, sie waren nicht schlecht, aber die besten der Welt?

Hier kann man auch sein Geld für allerlei andere nützliche und unnütze Dinge ausgeben. Selbst Waffen sind zu haben. Darf man die überhaupt im Nationalpark benutzen?

Stadtzentrum Lee Vining

So, morgen geht es wieder auf den Trail, auf dem ich den sch… schweren Kanister noch etwa 6 Tage tragen muss. Da es hier leider keinen Bus und auch leider keinen Trail Angel gibt, muss ich wieder versuchen, per Anhalter zum Trailhead zu kommen.

Irgendwo

16. Juni 2022

Da ich wieder ein paar Tage draußen in der Wildnis war, gibt es heute wieder einen längeren Bericht.

Nachdem ich in Lee Vining alle technischen und biologischen Akkus aufgeladen hatte, ging es nach einem Pancake-Frühstück an die Straße. Nach nicht allzu langer Wartezeit hielt auch ein Pickup an. Ein in Los Angeles lebender Armenier kam gutgelaunt vom Angeln und brachte mich zum Eingang des Yosemite Nationalparks. Weiter ging es nicht, da man dann ein Permit braucht. Schon die Fahrt dorthin war absolut beeindruckend. Leider konnte ich davon keine Fotos machen, da ich auf der „falschen" Seite im Auto saß.

Am Checkpoint am Parkeingang (eher Einfahrt) werde ich von netten Ranger-Ladies freundlich begrüßt und bekomme wieder alle guten Wünsche und Respekt für mein PCT Abenteuer. Dann ein neuer Versuch zu hitchen, denn bis zum Trailhead sind es noch 12 Meilen. Aber ich brauchte gar nicht warten und winken. Sofort hielt ein kleiner Toyota an. Die Fahrerin war selbst vor ein paar Jahren auf einem Trail gewesen und half gern. Sie bringt mich zum nächsten Parkplatz, über den rein zufällig der PCT verläuft. Los geht's wieder!

Yosemite N.P.

Und dann zeigt mir die Natur wieder alles, was sie kann! Man kommt gar nicht richtig in den Wanderschritt, da man immer wieder auf die tollsten Fotomotive trifft.

Toulumne River

Nicht weit von meinem Startpunkt entfernt,befindet sich ein touristischer Punkt, wo sich diverse Wanderwege kreuzen und Informationen zur Historie vermittelt werden. Und genau dort passiert es wieder. Ich finde den Abzweig nicht und marschiere immer weiter. Freue mich, dass ich Murmeltiere aus nächster Nähe fotografieren kann und wundere mich, dass ich plötzlich vor einem neu gebauten Wasserspeicher stehe und der Weg zu Ende ist.
Ein Blick in die App und ich weiß, dass ich was verkehrt gemacht habe. Also umdrehen und den Weg suchen. Und der war nicht so einfach zu finden. Zwischen zwei großen Schautafeln entdeckte ich ihn endlich als winzig kleinen Trampelpfad. Mann, da hätte man doch mal einen Wegweiser anbringen können! Als ich mich beim Verlassen des Museumsgeländes noch einmal umdrehe, sehe ich 2 Hiker, wie auch sie nach dem Weg suchen. Natürlich rufe ich nach ihnen und helfe ihnen, meinem Weg zu folgen. So ist das auf dem Trail. Jeder hilft jedem in jeder Situation.

Es geht vorbei an beeindruckenden Wasserfällen und massiven Granitbergen. Dass es fleißig bergauf und bergab geht, ist ein alter Hut! Aber teilweise wurden hier diese Wege für die Touristen treppenstufenartig ausgebaut und das lässt sich auch nicht wirklich schön laufen. Von DIN oder ASA keine Spur! Nicht nur das, heute ging es auch ab und an durch einen Fluss. Aber auch die fotoschönen Ebenen (Meadows) haben ihre Tücken, und die fangen mit „M" an. Da durch zu marschieren, kommt einer Blutspende gleich! Man kann da nur hoffen, dass der Harndrang nicht zu groß wird. Ansonsten ...

Mein Nachtquartier suchte ich mir heute lieber fernab eines Gewässers. Dennoch gab es Mücken in Hülle und Fülle.

Der nächste Morgen ging mal gar nicht mit Sonnenschein los. Es war sogar so frisch, dass ich ein Fleece anzog. Auf das Mitnehmen von Wasser habe ich mal verzichtet, da es an vielen Wasserstellen vorbeiging. Fast 4 Kilo gespart und damit alles viel leichter! Das war auch gut so, denn heute musste ich zweimal über 3000 Meter. Da hing die Zunge wieder ganz schön heraus.

am Seavey Pass

Außerdem gab es auch heute wieder akrobatisch genannte Highlights. Rivercrossing! Ich musste heute dreimal durch einen Fluss waten. Knietiefes, eiskaltes Wasser. Viele Grüße an Herrn Kneipp! 5-mal kam ich aber auch trockenen Fußes über den Fluss. Ich musste bloß über darüber liegende Bäume balancieren. Rucksackschnallen öffnen, damit man beim Sturz ins Wasser sich schnell vom sich volllaufenden Rucksack befreien kann, der immer schwerer wird und einen nach unten zieht,
Beim ersten Mal hat man noch elenden Respekt. Bloß nicht reinfallen! Ansonsten muss man ja warten, bis alles wieder trocken ist!

Leider war das Wetter heute nicht so toll. Kühl und natürlich wieder sehr windig, so dass ich in den Bergseen nicht baden mochte. Glücklicherweise ist das angekündigte Gewitter ausgeblieben. Dafür hat es aber ab Nachmittag geregnet. Ich konnte aber in einer Regenpause mein Zelt trocken aufstellen.

Neuer Tag, neues Glück! Mein Zeltnachbar hat schon um 4 Uhr zusammengepackt, aber ich habe noch ein wenig die Matratze getestet. Und dann! Wieder strahlender Sonnenschein! Wenn das nicht motiviert! Welcher Musiktitel? Genau! „Mr. Blue Sky" vom Electric Light Orchestra.

Die Motivation konnte ich auch gut gebrauchen, da ich wieder 2 hohe Berge vor mir hatte. Ich gebe es zu, bergauf ist nicht so mein Ding! Da wird auch schon mal heftig geflucht. Wenn man dann aber oben ist und zwischen 2 Felsen hindurchtritt und dann das sieht, ist die Welt wieder in Ordnung!

Wilma Lake

Hier musste ich einfach eine Pause machen und ins Wasser steigen!

Das Wasser war gar nicht so kalt, wie man es von Bergseen gewohnt ist.Ich hatte den Eindruck, die Ostsee ist selbst im Sommer kälter. Nur der Wind war eisig. Ist ja auch klar bei einer Höhe von 2800 Metern. Ich habe mich nackt und windgeschützt von der Sonne trocknen lassen und dann ging es weiter. Natürlich bergein, damit man anschließend den nächsten Berg wieder rauf kann. Rivercrossing nass und trocken (auf einem Baumstamm balancieren) war auch ein paarmal angesagt.

Und dann war auch ab und zu der Weg weg. Gut, dass man eine App hat, die einem zeigt, wo es langgeht!

Finde den Weg!

Ich bin noch einen dritten Berg ein Stück bergauf gestiegen und habe damit die Mücken hinter mir gelassen und morgen muss ich den Berg nicht mehr ganz so weit rauf. Danach soll es etwas gemütlicher werden, heißt, nicht mehr ganz so steil gehen.
Heute habe ich schon viertel 6 Uhr mein Zelt aufgestellt. Gut, dass ich ein freistehendes Zelt habe (MSR Hubba NX1), denn ich musste es auf felsigem Untergrund aufbauen. Da ist an die Benutzung von Heringen zur Abspannung nicht zu denken. Dank der Zeltstangen reicht es, es einfach aufzubauen, hinzustellen und gut.
Fließend Wasser habe ich nebenan im Bach.

Meine heutigen Zeltnachbarn kommen aus Quebec und Belgien. Die jungen Leute haben mich zum Lagerfeuer eingeladen und wir haben uns über viele interessante Dinge unterhalten. Obwohl es noch nicht sehr spät war, bin ich dann doch relativ zeitig in meinen Schlafsack gekrochen. Mir war einfach ziemlich kalt. Vielleicht weil ich k.o. bin und meine Fettreserven immer weniger werden?

Der neue Tag begann wieder mit herrlichstem Sonnenschein. Die restlichen Meter den Berg hinauf hatte ich in einer Stunde geschafft. Natürlich gab es da oben wieder einen See.

Bergab bin ich dann mit einer Hikerin aus Deutschland (Trailname: Happy) ein wenig ins Gespräch gekommen. Dazu gesellte sich dann noch eine junge Frau. Auch aus Deutschland. Beruf: Zahnärztin an der Uni Kiel. Zufälle gibt es! Die wollte dann alles über meine ehemalige Praxis und deren Aufgabe wissen. Das Mädel hatte irgendwo ihre Earbuds liegen lassen, die sie unbedingt brauchte. Ohne Buds – kein Hörbuch! Also verließ sie uns ganz schnell wieder. Auch Happy musste ich ziehen lassen. Sie war einfach viel schneller als ich. Somit war ich wieder allein für mich.

Rivercrossing war heute auch des Öfteren angesagt. Gut, dass ich meine Wassersandalen mit habe, sonst müsste ich meine Wanderschuhe nebst Socken trocken laufen. Da besteht allerdings die Gefahr, dass man sich Blasen läuft. Habe ich überhaupt schon gesagt, dass ich bis jetzt erst eine einzige hatte?

Ich nenne es Mosquito Meadow

Sieht wieder toll aus, nicht wahr? Es war der Hass! Mücken über Mücken! Es ist ja nicht so, dass ich kein Moskitonetz hätte! Aber das liegt irgendwo tief unten im Rucksack! Naja, wenn man sich nicht richtig vorbereitet... (Später finde ich es griffbereit in der obersten Tasche meines Rucksacks!)

Dorothy Lake

Und dann kam der Dorothy Lake. Und diesmal keine Mücken! Es ging nicht anders, irgendwie musste ich auch in diesem baden. Wann hat man schon mal die Gelegenheit, in fast 3000 Metern Höhe und bei solch einer Kulisse dies zu tun? Ich sagte ja schon, die Ostsee ist mitunter selbst im Sommer kälter! Frisch gebadet und gereinigt lief es sich dann auch gleich viel besser! Auf meinem weiteren Weg treffe ich einen jungen Mann aus Ingolstadt. Ist ja bei uns zuhause fast gleich um die Ecke ! Er wartete auf seine Partnerin und fragte mich, ob ich sie gesehen hätte. Sorry! Nein, habe ich nicht. Nach etwa einer Stunde Unterhaltung in deutscher(!) Sprache habe ich mich dann verabschiedet und bin weiter. Es ging noch hinauf zum Pass, hinter dem nun alles ganz anders ausschaut.

Man hätte wieder „Wo ist der Weg?" spielen können, da es nun auch ein paar Hundert Meter weit durch den Schnee ging. Aber nach dem Schneefeld konnte / wollte ich mein Zelt nicht aufstellen. Hier auf matschigem, nassem Boden ruiniert man sich das Zelt. Alles wäre voll Schlamm und Dreck geworden. Also noch ein Stückchen weiter!

Zum Abschluss des Tages nochmals Flussquerung nass. Dann nur noch Zeltaufbau, Socken zum Trocknen aufhängen, Nudeln kochen, Abendbrot und dann ab in die Falle.

`s is Feieroahmd

Der nächste Tag ging gleich mit ein wenig Frust los. Mein Kocher funktionierte nicht. Dann musste ich mein Porridge eben kalt essen. Und das war wirklich kalt! Da fühlt man gleich, wo die Zahnhälse frei liegen oder eine Zahnfüllung nicht mehr ganz dicht ist.

Heute früh habe ich im Zelt meinen Atem sehen können. Nach nur 5 Minuten auf dem Trail war schon wieder Füße waschen angesagt. Ihr wisst, was ich meine?! Dann ging es aber gut voran, so dass ich den 1000 Mile Marker übersehen habe. Gut, dass dort ein paar Hiker saßen und mich darauf aufmerksam machten! Die hatten schon früh halb 8 Uhr zur Feier des Tages eine Flasche Whiskey in Arbeit. Ob die dann noch weit gelaufen sind?

Eintausend Meilen!

Aber 1000 Meilen! Das ist schon eine Hausnummer! Das sind 1600 Kilometer! Gut, ich bin nicht jeden Meter gelaufen, aber das machen andere auch nicht. Und… Everybody hikes his own hike!

Noch ein wenig bergab und mit einigem Auf und Ab zum höchsten Punkt des Tages. Grrr… 850 Meter den Berg hinauf in der Mittagshitze. Kaum ein Baum, kein Schatten, kein Wasser! Dann doch an einer Stelle eine Baumgruppe und damit Schatten und ich mache eine kurze Mittagspause.
Bei der Gelegenheit habe ich wahrscheinlich meine Lendenwirbelstütze, die ich zur Prophylaxe trage, verloren. Also ohne weiter und weiter bergauf! Ab und zu über Schneefelder bis hinauf auf 3200 Meter. Hier erwartet mich natürlich ein toller Ausblick, aber die Landschaft ist wie auf dem Mond und der Wind bläst stürmisch. Und hier treffe ich ihn wieder. Bene(dikt), jetzt mit seiner Freundin Lea und wir schnattern den ganzen Abend und ich borge Lea mein aufblasbares Kopfkissen, da sie keines hat. Dafür hat sie schreckliche Schmerzen im Halsbereich und kann den Kopf kaum drehen. Ich gebe ihr noch ein paar Tipps zur Ohrakupressur, denn die Punkte sind schon ziemlich druckschmerzhaft. Ob sie das machen wird?

Sitting on the Moon

Unsere Zelte haben wir „windgeschützt" hinter ein paar Krüppelkiefern aufgeschlagen. Wie gesagt, hier oben in 3200 Metern Höhe pfeift es gewaltig! Es ist so windig, dass ich etwas tue, was man eigentlich nicht machen sollte. Ich mache meinen Kocher im Zelt an! Brandgefahr und Kondenswasser! Aber was tut man nicht alles für ein warmes Abendessen! Mit einem Schweizer Mädel habe ich es mir dann auch ein wenig gemütlich gemacht.

Swiss Miss – das ist der lösliche Kakao. Das ist mal eine Abwechslung und bringt Energie. Und es bringt ein wenig Wärme und einen Hauch von Gemütlichkeit. Ich werde wohl in Zukunft in dieses Nahrungsergänzungsmittel investieren.

typisches Abendessen

Kennedy Meadows – Mile 1017

16. Juni 2022

Ja, richtig gelesen! Es gibt noch ein Kennedy Meadows im Norden der High Sierras. Viele Ortsnamen kommen in Amerika öfters vor. Ich glaube, selbst den deutschen Städtenamen Berlin gibt es in den USA über 30-mal.

Nach einer ziemlich stürmischen Nacht ging es heute Morgen zum Sonora-Pass. Dabei mussten wir mehrfach Schneebretter traversieren. Gut, dass ich die Microspikes gekauft habe! Nicht vorzustellen, wie das ausgehen könnte, wenn man den Hang hinabrutscht und irgendwo im Dreck oder an einem großen Stein landet.

Die Spikes halfen auch ungemein zwischen den Schneefeldern, denn der Untergrund hier oben ist wie Schlackeplatz. Fühlt sich so an beim Laufen und wenn man den Trekkingstock einsetzt. Und genau so klingt es auch, wenn man drüberläuft.

Die meiste Zeit heute ging es bergab. Als wir dann gegen 11 Uhr am Pass ankamen, saßen dort schon einige Hiker. Gemeinsam warteten wir auf den Shuttlebus, der uns nach Kennedy Meadows bringen sollte. 10 Minuten später kam er. Der Ehemann der „Hotel"chefin persönlich, chauffierte uns kostenlos hinab und erzählte dabei so manches. Unter anderem auch, dass Kennedy Meadows (North) früher einmal eine Station des legendären Pony Express war. Und ein wenig sieht es auch heute noch so aus. Hier gibt es jede Menge Pferde und echte Cowboys bzw. -ladies.
Man kommt sich vor, wie auf der Shiloh Ranch. Nur der Traktor passt nicht recht ins Bild. Gut, asphaltierte Straßen gab es in der Serie auch nicht.
Die Gebäude von Kennedy Meadows sind aber allesamt aus Holz, so wie im Film.
Hier hätte man auch im Schlafsaal übernachten können. Ein wenig habe ich schon mit dem Gedanken gespielt, mich aber dann doch davon wieder verabschiedet.
Lena und Bene hätten sich dann bestimmt von mir verabschiedet. Das wäre schade, denn es ist ganz angenehm mit diesen beiden jungen Leuten unterwegs zu sein.

Gleich in der Nähe der Station gibt es auch einen großen Campingplatz inmitten des Waldes. Dieser war vollkommen ausgebucht, wurde uns erzählt. Da kann man

Wohnanhänger in Wohnmobile in unsagbaren Größen sehen! Ein deutscher Reisebus sieht daneben wie ein Kleinwagen aus!

Kennedy Meadows (North)

Endlich mal wieder richtig was essen! Was gibt es? Man hat die Wahl zwischen Pancakes und Burger. Da ich die Waschlappen mit Ahornsirup nicht so mag, wurde es mal wieder ein Burger, natürlich mit Cola. Endlich mal wieder duschen (8 Dollar!) und Wäsche waschen! Und natürlich auch mit Zuhause telefonieren! Selbst Internet gibt es für 8 Dollar über Satellit und WiFi. Und dann muss natürlich auch Resupply gemacht werden! Das geht gleich im Shop nebenan. Willkommen ein wenig in der Zivilisation!
Eine Hiker Box gibt es hier auch. Habe ich die schon erklärt? Das ist eine große Kiste, in die jeder das hineinlegt, was er nicht mehr braucht und wofür jemand anderes vielleicht Verwendung hätte. Das können Ausrüstungsgegenstände oder auch Lebensmittel sein. So eine Hiker Box ist quasi ein Second Hand Shop aber ohne Geld. In solch ein Ding habe ich einfach mal aus Langeweile hineingeschaut. Ich traute meinen Augen kaum! Da lag eine Lendenwirbelstütze, wie ich sie hatte! Vielleicht war es sogar meine und irgendjemand hat sie gefunden und mitgenommen und sich gedacht, irgendjemand kann die bestimmt gebrauchen? Klar, konnte ich die gebrauchen! Eine Neue zu kaufen wäre sehr umständlich geworden. Nun kann ich wieder getrost weitermarschieren und mein Orthopäde wäre stolz auf mich.

Lobby und Shop

Den Bärenkanister kann ich ab hier stehen lassen. Diejenigen, die einen großen Kanister im Outfitter im anderen Kennedy Meadows gekauft hatten, können ihren hier für 60 Dollar wieder loswerden. Das ist die Hälfte des Einkaufspreises. Da ich aber einen kleinen Bärenkanister gekauft habe, kann ich den nur als Geschenk bzw. Spende zurücklassen. Das mache ich trotzdem, denn das sind schon mal 1,2 Kilo weniger zu tragen. Man hat fast das Gefühl zu schweben!

Irgendwo nahe des Sonora Passes

21. Juni 2022

Nachdem wir frisch geduscht, unsere Wäsche gewaschen und auch ordentlich gegessen hatten, brachte uns das Shuttle um 16 Uhr jetzt für 20 Dollar wieder hinauf zum Sonora Pass. Wir, das ist jetzt wirklich das Kleeblatt mit Benedikt und Lea aus Ingolstadt und meiner Wenigkeit. Bene: „Wir haben uns doch schon so schön unterhalten. Das passt schoa!"

Wir sind noch etwa 2 Meilen gelaufen und haben unsere Zelte an einem vermeintlich windgeschützten Platz aufgestellt, denn der Himmel verheißt plötzlich nichts Gutes mehr.

Das war er aber überhaupt nicht! Schon abends ging wieder ein Sturm los, dass man Angst haben musste, dass alles davon fliegt. An Schlafen war nicht zu denken! Meine Uhr zeigte mir am Morgen, dass ich nur 3 Stunden und 8 Minuten geschlafen hatte.

Pünktlich viertel 7 Uhr ging es wieder los. Es war kalt, der Wind stürmisch und böig. Erst mal 750 Meter den Berg hinauf (Wir haben jeden Tag etwa 1500 Höhenmeter zu absolvieren!).

Und je höher wir kamen, umso heftiger blies es. Über den Pass ging es dann fast auf allen vieren! Und dahinter – Windstille! Klar, wir befinden uns im Lee. Hat man doch mal beim Gleitschirmfliegen so gelernt. Aber so richtig erlebt habe ich es erst hier. Bene zeigte, wie sportlich er ist, und lief uns gleich voraus und wartete auf uns auf einem Felsvorsprung posierend. Gut, dass Lea etwa mein Tempo läuft und ich am Berg sogar etwas schneller als sie bin. Da fühlt man sich nicht ganz so alt.

Wir mussten wieder einige Schneefelder queren, so dass die Microspikes wieder zum Einsatz kamen. Gegen Mittag kam dann sogar die Sonne heraus! Aber es blieb kalt. Jenseits des Passes änderte sich die Landschaft nun wirklich. Alles wirkt irgendwie sanfter. Na gut, es gibt auch Ausnahmen!

Samstag. Heute Nacht war es richtig kalt. Gegen Mitternacht habe ich in meinem Rucksack die Laufhose herausgesucht und angezogen! Das Wasser in meinen Trinkflaschen war gefroren. Es waren 4 Grad Minus! Zähneputzen war mit dem Wasser aus dem Bach auch sehr erfrischend! Der Wetterbericht meldet für heute maximal 4 Grad Plus! Hallo, es ist Mitte Juni und wir sind in Kalifornien! Das ist schon komisch, oder?

Apropos komisch; was hier so alles wächst!

Sarcodes (Schneeblume)

Also, wie gesagt, heute war es kalt und ich hatte lieber die Daunenjacke an. Wobei, bergauf war sie deutlich zu warm! Ansonsten war das Wetter am Vormittag recht schön. Gegen Mittag zogen dicke Wolken auf und es wurde wieder richtig kalt. Wir beschlossen, Mittag was zu kochen. Und das sollte sich als Fehler herausstellen! Naja, ein richtiger Fehler war es nicht. Aber als wir wieder losstiefelten, gab es bereits in 10 Minuten Entfernung die Überraschung. Trail Magic!

Da lacht das Hikerherz! Ich habe 2 Sandwiches und natürlich 3 Cola vernichtet. Man muss das Image des Dr. Cola schon pflegen! All die Sachen gibt es einfach so kostenlos und eine Spende wird strikt abgelehnt! Danke, danke, danke! Das ging sogar so weit, dass man hier seine kaputten Darn Tough Socken gegen neue umtauschen konnte. Mist, ich hatte meine vorher schon in Kennedy Meadows North entsorgt.

Dann ging es weiter, wobei uns heftiger Graupel am Abend erst einmal daran hinderte, das Zelt aufzubauen. Nun steht es, und auf das Abendessen kann heute, dank der späten aber sehr reichlichen Mahlzeit (Jeder isst bei jeder sich bietenden Gelegenheit so viel er kann!) verzichtet werden. Die Laufhose ziehe ich heute mal lieber gleich an!

Sonntag. Heute Morgen war es wieder eisig kalt. Das Überzelt war durch die Feuchtigkeit der Atemluft völlig mit Reif bedeckt und manche Zeltstangen waren sogar zusammengefroren. Das ist der Nachteil, wenn der Wind nicht weht. Aber der Himmel war wieder strahlend blau und es ist eine Freude in den Tag zu starten.

Nächster Musiktitel im Hirn: „It´s a beautiful Day" von Michael Bublé! Und weiter geht's im Text mit: It´s a beautiful Morning! Da kann ich nur sagen – Indeed!

Wie sieht eigentlich so ein Alltag eines Hikers aus? Es ist wie auf Arbeit gehen, bloß dass am Wochenende nicht frei ist. Halb 6 Uhr aufstehen, „waschen" und frühstücken (wenn man das so nennen kann), viertel 7 Uhr Abmarsch. Gegen halb 10 Uhr kurze Rast und halb 1 Uhr Mittag oder so was Ähnliches, zumindest wollen wir das mal so nennen. Da gibt es Nüsse, Rosinen und/oder Chips. Dann geht es weiter bis halb 6 Uhr. Zeltaufbau, Essen kochen (meistens Nudeln) und spätestens halb 8 Uhr ab in den Schlafsack! Jedenfalls war das bei mir so. Es gibt aber auch die Speedhiker, wie ich sie nannte. Da geht es früh um 4 Uhr los und endet erst gegen 10 Uhr in der Nacht. Ob die die Natur genießen so wie ich?

Und von dieser wunderschönen Natur gibt es mehr als genug, auch wenn man manchmal vorher ganz schön geflucht hat, weil es wieder einmal 800 Meter den Berg hinauf ging.

Twin Lakes

Wobei, manchmal sieht´s auch ganz schön grauslich aus. Wenn man sieht, wie es nach einem Waldbrand ausschaut.

Einöde nach Waldbrand

Heute habe ich zwei Typen getroffen, die auf dem PCT mit Pferden unterwegs sind. Er aus Deutschland, sie aus Österreich. Günter Wamser und Sonja Endlweber machen Fotos und Filme und wollen über ihre Tiere berichten, mit denen sie schon von Argentinien nach Alaska unterwegs waren und jetzt mit ihnen nach Hause, nach Deutschland wollen.

Da es in ihrem neuen Bericht auch um den PCT geht, haben sie mich interviewt. So richtig mit Kamera und Sprachaufnahme. Ich sollte ihnen die Geschichte meiner Namensgebung noch einmal erzählen. Vielleicht komme ich jetzt ins Fernsehen oder einen Vortrag?

Beim Fernwehfestival von Herrn Goldstein in Plauen waren sie bereits! Und wie ich später erfahren habe, gastierten sie mit ihrem Vortrag auch in meiner Heimatstadt.

Sonja und Günter

Das war der Höhepunkt des heutigen Tages, abgesehen davon, dass wir 21 Meilen gelaufen sind. So eine Begegnung ist sicherlich sehr schön und auch informativ, aber da ist auch ganz schnell eine Stunde rum, die hintenraus fehlen kann. Nun, da muss mal eine andere Rast kürzer ausfallen.

Montag. Heute Morgen geht es wahrscheinlich das vorerst letzte Mal über einen hohen Pass. Wir mussten ausnahmsweise nur 300 Meter hoch. Dafür wurde es dann aber ein wenig knifflig , über den Carson Pass (der, für die Hiker) zu kommen. Wir hatten gestern noch überlegt, ihn am späten Nachmittag zu überqueren, aber da sind die Schneefelder mittlerweile sehr matschig. Da helfen auch keine Spikes. Da geht es abwärts! Muss ja nicht sein! Außerdem bekommt man nasse Füße. Das ist auch nicht schön, zumal man die Sachen ja über Nacht nicht richtig trocken kriegt.

Carson Pass

Früh am Morgen ist der Schnee noch fest. Also, „Schneeketten" angelegt und los! Ging auch prima, nur halt bergauf! Da schnauft die alte Dampfmaschine!

Gegen halb 8 Uhr waren wir dann am Highway Carson Pass, wo es ein kleines Infocenter gibt. Die zwei Damen, die in dem Center arbeiten, baten uns, ein paar Kisten aus ihren Autos auszuladen. Diese sollten wir vor dem Center an einem Baum abstellen und ruhig mal reinschauen. Und was gab es da? Na? Trailmagic!

Frisches Obst ist da natürlich das Highlight!

Infocenter Carson Pass

Ansonsten ging es heute eher gemütlich zu. Die Anstiege sind größtenteils nicht mehr so steil. Insgesamt wirkt jetzt alles etwas sanfter. Nachteil: Es gibt deutlich mehr Mücken! Heute Abend beim Essen sitzen 42 Mücken auf der Gaze meines Innenzeltes. Gott sei Dank ist keine drinnen!

Nette Geste am Rande: Uns wurden einfach so von wildfremden Wanderern Powerriegel angeboten. So verhungert sehen wir doch gar nicht aus?!

Morgen geht es nach South Lake Tahoe zum Resupply, duschen, Wäsche waschen . Außerdem ist mal wieder ein Zero Day angedacht. Ich muss dringend zu AT&T und meine Telefonkarte verlängern. Ich kriege das nicht auf die Reihe. Naja, das Alter! Wobei – Benedikt ist Informatiker und hat es auch nicht hinbekommen! Uns fehlen einfach irgendwelche Zugangsdaten. Außerdem ist meine Fototasche kaputt. Der Reißverschluss ist im Eimer. Verschlossen wird sie im Moment mit einem Karabinerhaken.

Bene und Lea haben am Abend im Zelt ein Zimmer zu einem absoluten Schnäppchenpreis über AirBNB gebucht, ich eines zu einem moderaten Preis über Booking.com im Paradise Motel. Beide wollen in South Lake Tahoe 2 Tage, also einen Tag länger bleiben als ich und mich dann bald wieder auf dem Trail einholen. Die Freude über das Schnäppchen dauerte allerdings nicht sehr lange. Schon am nächsten Morgen war die Buchung gecancelt worden.

South Lake Tahoe – Mile 1092

22. Juni 2022

Früh am Morgen haben wir die verbleibenden 2 Meilen bis zum Anschluss an eine Straße runtergerissen und versucht, in die Stadt zu kommen. Wir trafen dort an der Skistation eine andere Hikerin, die einen Trailangel für den Trip in die Stadt engagiert hatte. Da noch genügend Platz im Auto war, konnten wir auch gleich noch mitfahren. Toll, genau vor meiner Unterkunft wurde ich abgeladen. Das Einchecken ging auch recht zügig, wobei meine Kreditkarte der Deutschen Bank nicht ging. Gut, wenn man eine zweite noch dabei hat! Alles gut, alles chic! Dachte ich jedenfalls. Als ich dann WLAN hatte, kam die Überraschung.

Meine Bank hatte meine Kreditkarte gesperrt, da irgendwelche Bankdaten falsch abgefordert worden waren. Vorsicht ist wichtig, aber für mich wäre das der Notstand gewesen. Das wäre das Aus für meinen PCT-Traum gewesen. Ich hätte mit dem verbliebenen Bargeld in eine Stadt mit Fluganschluss nach München fahren (Größere Städte sind mittlerweile sehr weit weg.) und den nächsten Flieger nehmen müssen. Dadurch, dass die Karte gesperrt war, konnte ich auch mein Telefon nicht wieder finanziell aufladen. Da ist man einfach kein Mensch!

Da schiebt man einfach Panik! Im WiFi-Bereich des Hotels schrieb ich fleißig Nachrichten in die Heimat, mit der Bitte, um Unterstützung, denn beim Kreditkartenservice direkt, konnte ich ja nicht anrufen.

Gott sei Dank kam heute Nacht halb 3 Uhr die erlösende E-Mail, dass alles wieder im Lot sei. Ich hatte schon befürchtet, dass ich vielleicht eine neue Karte bekommen müsste und 3 Tage später die neue PIN. Das hätte bedeutet, dass ich fast eine Woche hier hätte bleiben müssen. Glücklicherweise hat meine Kundenbetreuerin bei der Bank alles geregelt und ich bin wieder ein Mensch!

Heute weiß ich, worin der Fehler mit meiner Karte bestand. Die DB Mastercard darf in den USA nicht über den Magnetstreifen (swipe) ausgelesen werden, sondern nur über den Chip! Das muss der Mensch erst mal wissen!

Ja, und heute Morgen habe ich die Karte beim Frühstück gleich ausprobiert. Alles okay! Ich fürchte, mir wäre das Essen womöglich wieder hochgekommen? Und das war viel!

Pancakes mit Banane und Erdbeeren

Richtig gezählt? Genau! 3 Stück und jede Menge Ahornsirup! Her mit den Kalorien, denn die braucht der Hiker! Außerdem wird das ewige Porridge-Essen mit der Zeit auch langsam öde.

Im Red Hut Restaurant

Den Vormittag verbrachte ich damit, den Ort zu erkunden und meine Einkäufe zu erledigen. Lebensmittel und eine neue Tasche für den Fotoapparat. So eine richtige Fototasche war natürlich nicht aufzutreiben. Spaßeshalber probierte ich in einem Outfitter eine Hüfttasche aus (Sowas tragen alle Hiker zusätzlich zum Rucksack!) und siehe da, passt für meinen Fotoapparat wie angegossen. Jeder Fotograf wird natürlich die Hände über dem Kopf zusammenschlagen, aber ich muss sagen, so schlimm war die Idee gar nicht. Das hat sich sogar bewährt! Erstens schlenkert die Tasche beim Laufen oder Bücken nicht so rum und zweitens hat man sie ziemlich schnell griffbereit bei der Hand!

Mit meinem Telefon hatte ich im AT&T Store weniger Glück. Die Angestellten dort wussten auch nicht, wie ich mein Guthaben trotz funktionierender Kreditkarte wieder auffüllen könnte. Der nächste Store wäre erst wieder in Reno und das ist noch verdammt weit weg. Irgendwie habe ich es dann aber doch nach dem Mittagessen, zu welchem ich bei der Hotelmanagerin eingeladen war, hinbekommen. Die Managerin war sogar so nett, dass sie mir, einfach so, meine Wäsche gewaschen hat.

Was soll ich sonst zu South Lake Tahoe sagen? Der See und die angrenzenden Berge sind wunderschön. Leider sind aber einige Teile des Waldes verbrannt. Vor ein paar Jahren gab es hier einen mächtigen Waldbrand. Gleich und sofort mussten alle Anwohner ihr Zuhause verlassen. Glück im Unglück – die Stadt wurde vom Feuer nicht erfasst. Ansonsten ist South Lake Tahoe eine Touristenhochburg für Sommer und Winter. Das merkt man auch an den Preisen bei der Unterkunft, im Laden und Restaurant.

Morgen geht es wieder raus in die Wildnis. Die Managerin des Motels will mich an den Trailhead fahren, wenn ich ihr Motel in der FarOut App empfehle. Mach ich doch glatt, denn durch die Touristen (Die halten nicht an.) ist Autostopp hier eher schwierig.

Donner Summit – Mile 1153

26. Juni 2022

Es geht wieder los! Das heißt, so schnell nun wieder auch nicht! Mei (Das ist nicht bayerisch! So heißt die Managerin.) will mich hinauf zum Echo Lake fahren. Geplante Gäste kommen heute Vormittag nicht mehr. Vorher müssen aber noch 2 Gäste auschecken. Und die lassen sich Zeit! Und dann standen wir auch noch im Stau, weil die Straße gebaut wird! Naja, halb 11 Uhr waren wir dann endlich an Ort und Stelle. Nun gut, damit wird das heutige Pensum etwas kürzer ausfallen. Ich betrachte es mal an ein Wiedereingewöhnen an die 20-Meilen-Märsche der nächsten Tage.

Echo Lake

Mei erzählte mir, dass sie schon immer mal auf dem PCT laufen wollte. Das tat sie dann auch. 50 Meter vom Parkplatz bis zum Bootsanleger. Mei fuhr mit dem Boot davon und ich lief los.
Ich hatte mich schon ein wenig geärgert, dass ich nicht mitgefahren bin und ein paar Meilen ohne Kraftaufwand in kurzer Zeit geschafft hätte, aber im Nachhinein war es die richtige Entscheidung. Denn heute ist es passiert!
Ich habe das erste Mal einen Bären in freier Wildbahn gesehen! Wie aus dem Nichts war er plötzlich da, ist vielleicht 5 Meter vor mir über den Wanderweg und in etwa 15 Metern von mir entfernt einen Baum hinaufgeklettert und hat Zweige abgemacht (Da werde ich wohl heute Abend meinen Essensvorrat besser an einem Ast aufhängen.).

Das war natürlich das Highlight des Tages und ist sicherlich nicht mehr zu toppen! Ansonsten war der Tag heute eine 7-Seen-Wanderung. Echo Lake, Aloha Lake und dann hatten die Seen alle Frauennamen. Heather, Susie usw. Ich habe sie mir nicht gemerkt. Ob das einen tieferen Sinn hat?

Timothy Lake

Das Wetter war heute auch ein wenig speziell. Zweimal hat es gewittert, wobei es nicht geregnet hat. Dennoch ist man bemüht, irgendwo in Deckung zu kommen. Viel Wald gab es aber nicht. Dafür viel Fels und Geröll. Da kommt man nicht nur nicht gut vorwärts, man hat auch keine Chance, sich irgendwo unterzustellen..

Und dann dieses Licht! Mal ganz greller Sonnenschein, dann wieder Düsternis. Es war irgendwie gespenstisch. Dazu blies ein kräftiger, fast stürmischer Wind. Kaum geht man über einen kleinen Pass, wechselt das Wetter. Ist das Wetter so wechselhaft wie im April bei uns, oder liegt das daran, dass man einfach nur auf der anderen Seite des Berges steht? Eigentlich weiß man ja, dass in den Bergen ein Witterungsumschwung ganz schnell einsetzen kann. Aber so extrem?

Gegen 5 Uhr kam ich zur letzten Tentsite vor dem nächsten hohen Pass und habe überlegt, ob ich noch drüber gehen und noch 4,5 Meilen zur nächsten Tentsite laufen sollte. Da auf der anderen Seite des Berges wohl noch Schnee liegen soll, habe ich das mal lieber sein lassen und mein Zelt genau an dieser Stelle mitten im Wald aufgebaut.
Genau richtig gemacht! In dem Moment, als es stand, fing es mit Regnen an! Wieder mal Glück gehabt!
In ein paar Metern Entfernung übernachteten mit mir 2 Frauen, von denen ich gleich mehr zu berichten weiß.

Freitag. Strahlend blauer Himmel empfängt mich heute Morgen. Da geht man doch wieder mit Freude an den Start, auch wenn es wieder einmal zum Auftakt bergauf geht.

Oben auf dem Dicks Pass in fast 3000 Metern Höhe habe ich Handyempfang. Sogar LTE! Ich versuche gleich Geburtstagsgrüße, wenn auch verfrüht, loszusenden. Leider geht nur der Text fort. Wenigstens etwas, denn wer weiß, ob es pünktlich zum Geburtstag mit der Netzabdeckung klappt?

Blick vom Pass auf Dicks Lake

Hier oben auf dem Pass traf ich 2 Frauen, die nur etwa 200 Meter neben mir übernachtet hatten. Sie berichteten mir, dass ein Bär letzte Nacht einen Großteil ihrer Verpflegung für die nächsten 8 Tage entwendet hatte und das, obwohl das Essen an einem Baum aufgehängt war.

Der Bärensack war ordentlich nach der PCT-Methode aufgehängt worden. Dabei wird der Proviantsack an einem Ast in ausreichend weiter Entfernung vom Stamm aufgehängt und das Ende des Seiles hängt frei. Dazu ist ein spezieller Knoten erforderlich. Wäre das freie Ende des Seiles am Stamm befestigt, könnte es ein Bär abreisen und die Esserei fällt einfach runter. Schön für den Bären, schlecht für den Hiker!

Soweit die Theorie. Die Praxis sieht, wie schon berichtet, leider, wie so oft, anders aus. Ich finde, bei den kurzen Ästen kann man nichts weit genug vom Stamm entfernt aufhängen! Tja, der Bär war clever und hat den Ast einfach abgebrochen und den Sack geklaut. Öffnen kann er ihn nicht, aber das Essen ist weg! Bloß gut, dass in 2 Tagen Resupply wieder möglich ist.

Nach dem Pass ging es dann durch den Schnee bestimmt 2 Meilen sehr, sehr steil bergab. Ich war froh, dass ich meine Microspikes noch nicht so tief im Rucksack vergraben hatte! Im verharschten Schnee sind die Dinger Gold wert! Ich hoffe und glaube nun aber, dass dies nun wirklich das letzte Mal war, dass die Dinger ran mussten.
Bei diesem steilen Abstieg kommen mir wieder Sonja und Günter in den Sinn. Wie werden die mit ihren Pferden hier herunterkommen? Vielleicht machen sie ja auch eine Detour?! Das wird sonst für Mensch und Tier lebensgefährlich.

Nach den Schneefeldern ließ es sich dann heute sehr gut laufen, wenn man mal von den nassen Stellen absieht.

Alles, was Wasser ist, ist Weg!

Das Wasser und der Morast sind aber nur der eine Teil der Geschichte. Mücken gab es wieder zu Abermillionen! Klar, ist ja wieder schönstes Feuchtbiotop! Das war dann auch der Grund, dass ich diverse Tentsites zur Übernachtung vor Ort abgewählt habe und so auf 23 Meilen Strecke gekommen bin. Noch einmal den Berg hinauf und ich habe eine tolle Aussicht auf den See. Den gleichen schönen Ausblick genießen etwa 10 andere Hiker mit mir. Es ist halb 8 Uhr. Nur noch schnell das Zelt aufgestellt, das Essen zubereitet und dann reicht es für heute!

Sonnenaufgang über dem Lake Tahoe

Samstag. Mal ehrlich, ist das nicht herrlich? Diese Aussicht beim Aufstehen heute Morgen! Ihr erinnert euch? Klemens, mein Wanderspezi, sagte, auf dem PCT ist jeder Tag wie eine Postkarte. Heute war es fast eine Kitschpostkarte! Dennoch, ich fand es herrlich! Die Speedhiker sind wieder gegen 4 Uhr los. Ich glaube, die haben sowieso keinen Sinn für so was.

Auch heute ging es wieder über einige Pässe. Gleich beim ersten Abstieg traf ich wieder die zwei Fotografen mit ihren Pferden. Sie haben sich riesig gefreut, mich noch einmal zu treffen. Sonja sagte, dass sie gerade heute Morgen von mir gesprochen hätten und nun sei ich da! Seltsam! Wir haben noch gemeinsam Kaffee getrunken und geplaudert. Sie haben die gleiche Erfahrung gemacht, dass viele Hiker gar nicht mitbekommen, dass sie am Trail lagern. Und dabei stehen da vier Pferde rum! Und ein Hund ist auch noch dabei! Ehe ich mich versah, war eine Stunde rum. Nun aber los! Die beiden haben noch etwa zwei Stunden zu tun, um alles zu verstauen und die Pferde fertig zu machen, damit es losgehen kann.

Auf den Pässen war super Telefonempfang und sogar LTE. Hat mir aber nichts genützt. Größere Dateien gingen trotzdem nicht fort und die, die ich angerufen habe, gingen nicht ans Telefon. Tja, so ist das manchmal.

Heute Nachmittag bin ich in ein Gewitter gekommen. Es hat ganz schön gekracht, aber nur ein wenig genieselt. Das war mir trotzdem nicht ganz geheuer, da ich mich gerade mal wieder in der Höhe, die natürlich nicht wirklich bewachsen ist, bewegte. Das war kurz vor dem Skigebiet von Squaw Valley. Waren da nicht irgendwann Olympische Spiele?

Squaw Valley

Danach geht es nur noch bergab, so dachte ich mir das jedenfalls. Aber nein, die Stelle, wo ich mein Zelt aufstellen wollte, ist jetzt Privatbesitz und Zelten verboten. Naja, dann eben noch eine Meile steil bergauf. Die muss ich dann morgen nicht machen!

Sonntag. Wie fast schon täglich, ging es auch heute erst mal wieder den Berg hinauf.

Tinker Knob

Ja, da hinauf muss ich. Dabei ging es durch riesige Blumenwiesen. Man könnte fast sagen Blumenfelder.

Eselwollohren

Und immer wenn man denkt, jetzt bin ich endlich oben, nein, da geht es noch ein Stück höher! Naja, irgendwann war es dann doch geschafft und ein zweites Frühstück war fällig.

Was isst ein Hiker zwischendurch?
Nun, die meisten stehen auf Riegel. Cliff Bars sind die großen Favoriten. Aber nicht bei mir. Ich finde Riegel einfach eklig. Die kleben am Gaumen und man bekommt sie kaum runter und die, die halbwegs schmecken sind mit Schokolade. Der Nachteil ist aber, dass die Schokolade durch die Wärme schmilzt und dadurch alles matschig wird. Nüsse und Rosinen sind da eher was für mich, obwohl die Energie des Traubenzuckers schnell verpufft.
Chips halten da länger vor. Die sind leicht und voller Energie. Nur leider sind die Tüten immer sehr aufgeblasen. Um sie gut und effektiv transportieren zu können, muss man sich schon was einfallen lassen.
Also werden kleinste Löcher in die Tüte gemacht und die Luft herausgepresst. Dann werden die Chips in der Tüte zerdrückt, so dass sie nur noch kleinste Flocken sind. Gegessen werden sie dann mit einem Löffel (natürlich Titan) direkt aus der Tüte. Das hat den Vorteil, dass man in kurzer Zeit viel davon essen kann. Außerdem werden die Hände beim Chips essen

nicht fettig und bleiben damit somit auch nicht klebrig für den normalen Schmutz des Tages.

Komisch, wenn ich zuhause diese Chips-Diät machen würde, würde ich zunehmen. Hier ist das Gegenteil der Fall!

Missgeschick des Tages: beim Durchqueren eines Lavafeldes habe ich mir einen Schuh ein wenig aufgeschnitten. Das lasse ich erst mal als Lüftungsschlitz.

Pünktlich zu Mittag bin ich am Donner Pass angekommen und lasse es mir bei einer Pizza Hawaii und einem PCT-Hiker-Freibier gutgehen. Das war übrigens das erste (und auch einzige) Mal, dass jemand mein PCT-Permit sehen wollte. Cola Refills schaffe ich heute nur zwei.

Und hier gibt es Internet! WiFi! Da kann ich sogar einmal mit der Heimat videofonieren! Natürlich war die Freude auf beiden Seiten riesengroß, denn wir hatten uns ja seit meiner Abreise in die Staaten nicht mehr gesehen.

Grenze zu Mexiko

Startpunkt

Trailmagic

Rastplatz

Vorgeschmack auf die Wüste

Büchertausch

Eagle Rock

Wasser auffüllen

Kennedy Meadows North

Lake Tahoe   Echo Lake

Sonnenaufgang am Lake Tahoe

Crater Lake

Mt. Hood

Bridge oft he Gods

Reno – off trail

27. Juni 2022

Reno? Die Stadt des Glücksspieles? Genau! Nicht, dass ich pleite bin und Geld brauche. Nein! Ich komme auf dem Trail nicht wirklich weiter! Ich könnte noch 20 Meilen weiter gehen, dann ist Schluss. Wegen des großen Waldbrands vom vorigen Jahr ist der Trail (Vielleicht erinnert sich noch jemand an das verheerende Dixie Fire?) gesperrt. Würde ich die 20 Meilen noch machen, käme ich nicht weiter. Da gibt es keine Straße mehr, wo man vielleicht mit Autostopp wegkäme. Ich muss also den Bereich irgendwie umfahren. Der Teil des Trails, den fast alle überspringen, geht nur durch verbrannten Wald. Das ist noch immer gefährlich und die Wassersituation ist auch nicht die Beste! Die Organisation, die den PCT betreut, hat dringend davon abgeraten, da durchzugehen!

 Also erst mal bis Reno und dann weiter nordwärts.

Ich habe mich also nach der Pizza an die Straße gestellt und bin auch ziemlich schnell mitgenommen worden. Jedenfalls bis Truckee. Dann aber ging lange nichts, obwohl ich an der Rampe zum Highway stand und vorsichtshalber 2 Verkehrskegel zur Seite geräumt hatte, damit ein Auto anhalten kann. Darf man das überhaupt? Dann endlich hat es doch geklappt und ich war halb 6 Uhr in Reno. Hatte ich eigentlich schon mal erwähnt, dass Autostopp in Kalifornien verboten ist? Egal! Meine Chauffeure setzten mich jedenfalls Downtown (Stadtzentrum kann man das wirklich nicht nennen!) an einem Hotel mit Spielcasinos ab. Dort soll man günstig unterkommen und das Essen auch gut und preislich günstig sein.

Reno – Hotel Circus Circus

Da ich hier in Nevada bin, ist das Automatenglücksspiel erlaubt. Lotto nicht! In Kalifornien ist es genau andersherum! Seltsam! Vielleicht erinnert ihr euch an die Bilder von South Lake Tahoe? Da standen doch auch so große Gebäude am Stadtrand. Was ich da noch nicht wusste, die Straße vor diesen Hotels ist die Staatengrenze zwischen Kalifornien und Nevada! Alles klar?

mal was Gesundes zum Abendessen

Was die Preise für das tolle Hotel und das Essen angeht, das war erstaunlicherweise wirklich nicht so schlimm! Das Geld wird woanders verdient! Nämlich an den Glücksspielautomaten! Naja, so ganz gesund war mein Essen dann doch nicht. Der Salat war mit Nachos garniert und Cola muss halt sein! Imagepflege (Dr. Cola) und Kalorien! Ist außerdem auch viel, viel billiger als Bier!

Burney – Mile 1411

29. Juni 2022

Die beiden letzten Tage waren etwas speziell. Das ging schon damit los, dass ich im Hotel in Reno nicht einschlafen konnte. Im Zimmer war es sehr warm. Klimaanlage ausgeschaltet (macht ja sehr laut) – Ruhe - nichts.
Dann allerdings haben sich irgendwelche getunten Autos Rennen geliefert. Die Polizei mit Sirenen hinterher. Dann flog ein Helikopter vor meinem Fenster im 21. Stock vorbei. Harleys waren auch noch lange nach Mitternacht unterwegs. Das letzte Mal, als ich auf die Uhr geschaut habe, war früh halb 4 Uhr! Ich hätte denken können, dass etwas in den Getränken war, damit die Spieler im Casino länger durchhalten.

Pünktlich halb 7 Uhr war ich dann wach und bin zum Frühstück. Da saßen schon wieder oder immer noch Leute vor den Spielautomaten! Ich hatte ein Taxi bestellt, ausgecheckt und gewartet. Das Taxi aber kam nicht! 3 Anrufe von der Rezeption und schon war es nach „nur" einer Stunde da! Rrrr! Ich wollte doch, bevor ich weiter nordwärts hitchen wollte, noch zu REI und neue Schuhe kaufen. Meine guten LOWAs sind, wie schon berichtet, beim Laufen durch ein Lavafeld an den Seiten aufgeschnitten worden. Ihr wisst ja, REI ist sowas wie Globetrotter bei uns.

Leider gab es die von mir favorisierten halbhohen Wanderstiefel von Lowa nicht mehr. Ich hatte im Internet noch gesehen, dass sie zu einem sehr, sehr günstigen Preis im Angebot waren. Offensichtlich haben das andere Leute auch gesehen.

Ich musste nicht nur die Marke wechseln, sondern musste mich auch zu knöchelfrei entscheiden. Wenn das mal gutgeht?! Andererseits, die meisten Hiker sind nur mit Trailrunnern unterwegs. Vorsorglich wollte ich noch ein paar Gamaschen dazu kaufen. Leider waren diese aber nicht erhältlich.

Ende einer Freundschaft

Als der Einkauf getätigt war, brachte mich der freundliche Taxifahrer gegenüber des Freeways zu einer Stelle, von wo aus ich mein Glück versuchen sollte. Klar, auch nach 2 Stunden ging nix in der Mittagsglut! Aber gut, dass er mich dort abgesetzt hat, denn der Flughafen war in der Nähe.

Nein, ich bin nicht geflogen! Aber von hier aus, so hatte ich herausgefunden, ging nachmittags ein Bus, zumindest bis Susanville. Old Station, mein eigentliches Ziel, liegt aber noch weiter nördlich! Und dahin fährt dann nichts Öffentliches mehr! Die Busfahrerin war aber so nett, dass sie mich in Susanville an einen anderen Bus vermittelt hat, der mich noch ein Stück mitnahm, bis der große Abzweig kam.

Und da stand ich dann! 2 Stunden! 3 Autos, die natürlich vorbeifuhren! Ich sah mich schon an der Kreuzung übernachten! Also umdisponiert und Richtung Chester ge-hitch-hiked. Dahin hätte ich auch vorher mit dem Bus fahren können! Aber auch da hielt niemand an, bis dann endlich aus Richtung Chester 2 bekiffte junge Männer kamen, an der Kreuzung ihr seltsames Auto wendeten und mich mitnahmen.

Ganz geheuer war mir die Sache nicht! Aber hatte ich eine Wahl? 13 Meilen vor Chester erklärten sie mir dann, dass sie an ihrem Ziel seien und ich mein Glück weiter versuchen sollte. Nach einigem Palaver und 20 Dollar konnte ich sie doch noch davon überzeugen, mich in Chester abzusetzen.

Chester (50 Einwohner)

Irgendeine Unterkunft war nicht zu finden. Alle Motels und das Hotel ausgebucht. Auf den RV-Parks hat man was gegen Zelte. Abendessen (natürlich Burger und Cola) in einem kleinen Lokal gegen 9 Uhr und eine Nachfrage, ob ich vielleicht hier übernachten könne, brachten auch nichts. Ich habe dann einfach für die Nacht verbotenerweise mein Zelt in einem „Stadtpark" am Fluss aufgestellt und sehr, sehr gut geschlafen!

Die beiden Ingolstädter waren bei der Aktion nicht mit von der Partie. Sie waren, damit Lea ihre Halsprobleme auskurieren konnte, nach Sacramento gefahren und hatten dort ein paar Tage zugebracht, während ich auf dem Trail war. Ausgemacht war, dass wir uns in Old Station wieder treffen wollten. Ich wäre in Chester wieder eingestiegen und 2 Tage später dort gewesen.

Heute Morgen kam die Nachricht, dass sie von Sacramento aus nach Burney fahren wollten, da das verkehrstechnisch für sie viel einfacher wäre, und ob wir uns nicht dort treffen könnten? Mein Internet auf dem Handy funktioniert ja wieder!
Also nachgeschaut! Ja, ist machbar! Früh 8.45 Uhr fährt ein Bus. Erstmal bis Redding, dann umsteigen und ab nach Burney! Ich bin pünktlich an der Haltestelle, aber was nicht kommt, ist der Bus! Ich habe schon alle Felle davonschwimmen sehen, zumal ich in Burney in einem Motel ein Zimmer gebucht hatte! Irgendein anderer Bus kam und der Fahrer erklärte mir, dass die Linie vor etwa einem Jahr eingestellt wurde. Danke, Rome2Rio!

Also war wieder Autostopp angesagt. Ein Vietnamkriegsveteran nahm mich bis in die Nähe von Redding mit, ließ mich aber vorher an einer Freeway-Kreuzung aussteigen. Der hat vielleicht versucht, mir die Taschen vollzuhauen! Angeblich war er Hubschrauberpilot gewesen. Auf der Fahrt dorthin habe ich Teile des verbrannten Waldes gesehen. Und das war nur das Randgebiet!

Ein Jahr nach dem Dixie Fire

Und dann hatte ich mal wieder Glück! Kaum, dass ich ausgestiegen war, rief ein junger Mann, wo ich hin wolle? Ich sagte es ihm und er ließ mich gleich einsteigen und brachte mich sogar bis zum Busbahnhof. Da ich dort 3 Stunden vor der Abfahrt des Busses ankam und es Mittag war, bin ich in der Gaststätte der örtlichen Brauerei eingekehrt. Ich muss sagen, es war oberlecker und für amerikanische Verhältnisse kostengünstig. Preiswert will ich nicht gleich sagen.

Es dauerte gar nicht lange und Lea und Bene kamen dazu. Die beiden haben sich wirklich gefreut, dass wir wieder beieinander waren! Halb 3 Uhr ging dann unser Bus, in dem wir die einzigen Passagiere waren. Kurz vor 4 Uhr waren wir an Ort und Stelle und haben Quartier bezogen und eingekauft. Die beiden wollten in der Kirche übernachten, was aber nicht wirklich klappte. Dort war keiner da und so mussten sie in eine Schule Ausweichen.

Und außerdem:

Hier ist übrigens für alle gesorgt! 10 Prozent der Bevölkerung sind PCT Hiker.

Mt. Shasta Region – Mile 1455

1. Juli 2022

Mittwoch. Heute hat Lea Geburtstag. Dennoch haben wir uns schon früh um 7 Uhr getroffen, um gemeinsam aus dem Ort herauszukommen. Der Autostopp hat auch ganz gut geklappt. Erst ein Stück Hauptstraße, dann mit einem zweiten Auto nochmals 3 Meilen in die Nähe der Wasserfälle, die nicht weit vom Trail entfernt sind. Unser netter Chauffeur begleitete uns ein Stück des Weges und führte uns erst einmal zum Fluss unterhalb der Fälle.

Zuvor aber erst mal ein wichtiges Foto!

Das Kleeblatt

Habt ihr gelesen, was auf dem Schild steht? Nach Mexiko ist es nun weiter als nach Kanada! Leider konnte ich den Halfway Marker des Trails nicht fotografieren, da er in dem verbrannten Gebiet steht, das heißt, wenn er nicht vielleicht wie der Rest des Waldes auch verbrannt ist?

Die Burney Wasserfälle waren der absolute Höhepunkt, bzw. die Postkarte des Tages! Gut war auch, dass wir so früh dort waren. Da gab es noch keine Touristen!

Ich glaube, ich habe bestimmt 50 Bilder gemacht und außerdem noch gefilmt.

Der Wasserfall bzw. die Wasserfälle sind 35 Meter hoch und pro Tag ergießen sich hier 379 Millionen Liter Wasser. Das Wasser kommt übrigens hauptsächlich aus unterirdischen Quellen. Somit kann man auch in Trockenzeiten die Wasserfälle bestaunen, während andere versiegt sind.

Burney Waterfalls

Einfach mega und absolut beeindruckend! Und dann ging es mit der richtigen Lauferei wieder los.war aber heute nicht so schlimm. Es war zwar wieder ganz schön warm (32 Grad) und das auf 1500 Metern Höhe, aber es ging heute ganz oft durch den Wald. Und der Schatten und der Waldboden tun so gut! Da stört es auch nicht ganz so, dass wir 7 Meilen nur bergauf gelaufen sind. Glücklicherweise sind die Anstiege nun auch nicht mehr so steil. Dennoch sind wir 600 Meter höher rausgekommen.

Richtig große Dinger lagen heute auf der Strecke rum. Sowas gibt es sonst nur im „Russenfilm"

Bei unserer heutigen Wanderung mussten wir auch durch eine Baustelle. Eine Staumauer wird dort gerade repariert. Einfach so allein da durch geht nicht. Erst muss man eine große Hupe betätigen, dann kommt jemand und der begleitet einen dann über die Staumauer.

Und für mich gab es noch ein anderes Highlight. Die anderen beiden haben sie gar nicht gesehen. Ich habe noch eine Orchidee entdeckt! Tja, aber wenn man kein Makroobjektiv dabei hat...!

Fließendes Wasser gab es heute Abend ganz in der Nähe in einem Gebüsch versteckt.

Donnerstag. Das erste Mal, dass ich sage; Naja! Es ging auf 21 Meilen seine Tippel-Tappel-Tour hin. Viel Wald, viele Rodungen. Dennoch ganz schön anstrengend!

Und immer wieder gab einige schöne Blüten zu sehen.

Im Großen und Ganzen war es heute eher langweilig. Es gab kaum mal Aussichten. Wasser gab es auch ewig nicht, so dass man gezwungen war, wieder viel Wasser mitzuschleppen. Das ist man gar nicht mehr gewohnt. Und wenn man wieder mal so richtig unleidig war, zeigte sich dann doch der Mt. Shasta!
Diesen ehemaligen Vulkan werde ich von nun an eine ganze Weile jeden Tag sehen und weil er so schön ist, auch fotografieren.

Mt. Shasta

Kurz vor Dunsmuir – Mile 1496

3. Juli 2022

Freitag. Heute ist mal wieder ein besonderer Tag. Highlights in positiver und leider auch negativer Form.

Das ist doch wieder mal ein Wetterchen!
Die heutige Etappe sollte nicht so anstrengend werden. Natürlich geht es erst mal wieder den Berg rauf! Sieht man ja ein bisschen auf dem Foto. Und dann wieder viel durch den Wald. Das ist gut vom Untergrund her und außerdem ist es schattig. An den freien Stellen, wo nur Büsche sind, knallt die Sonne erbarmungslos runter. Es ist fast so heiß wie in der Wüste. Ansonsten – ein bisschen wie Thüringer Wald. Okay, mit Einkaufsmöglichkeiten sieht es hier verdammt schlecht aus. Außerdem ist der Wald nicht aufgeräumt.

Hier liegen wieder jede Menge umgestürzter Bäume rum. Heute habe ich mal gezählt, also nur die mit einem Durchmesser von mehr als 30 cm. Es waren 81! Und da muss man meistens drübersteigen. Manchmal geht auch Umgehen. Das ist aber eher selten möglich. Und bei so einer Stelle ist Benes funkelnagelneues iPhone 13 aus der Tasche gefallen und das Display hat nun eine große Spiders-App. Die gute Laune war natürlich dahin! Da half auch nicht der unverhoffte Besuch eines Rehes auf unserem Rastplatz zu Mittag. Völlig ohne Scheu lief es durch unsere Ruheplätze (Wir hatten gerade Mittagspause und Powernapping gemacht.) und interessierte sich für alles, nur nicht für uns.

Nach dem Mittag gab's die nächste Überraschung.

Wo ist der Weg?

Die beiden schickten mich erst einmal einweg voraus, da sie etwas zu besprechen hatten. Mir schwante, dass sie vielleicht doch lieber zu zweit und nicht mit einem älteren Herren wandern wollten.

Aber nein! Dann kam es; Lea und Bene haben beschlossen, noch bis Dunsmuir zu gehen und dann den PCT abzubrechen. Leas Beschwerden im Halsbereich werden wieder stärker und stärker und kein Ibuprofen hilft. Das ist sehr schade! Vor allem, weil sie ja schon die härtesten Teile des Weges hinter sich haben! Nochmals schade! Es war ganz angenehm und unterhaltsam mit den beiden. Dann werde ich mal wieder allein auf Wanderschaft sein. Ich glaube nicht, dass ich nochmals jemanden finden werde, der mein Tempo läuft und mit mir laufen möchte. Die, die bis hierher zu diesem Zeitpunkt gekommen sind, sind fast nur Speedhiker.

So, und dann gibt es auch die kleinen Dinge, die einem Freude bereiten! Da Wasser heute eher Mangelware war, freue ich mich schon über eine kleine Wasserstelle!

Wasser!

Und kurz vor dem Ziel unserer heutigen Etappe gab es noch Trailmagic! Ein junger Mann aus Kanada, der den PCT 2019 gelaufen ist und jetzt hier einen Freund besucht, hat mit seinem Motorrad Bananen, Pfirsiche und Nektarinen und natürlich Cola gebracht. Da langt man doch gerne zu! Er weiß genau, was einem Hiker fehlt und worauf er steht! Danke für die nette Geste!

Samstag. Das Highlight des Tages war gleich heute Morgen beim Verlassen-Wollen des Zeltes. Mein rechter Schuh war weg!
Das kann doch wohl nicht wahr sein?! Glücklicherweise fand ich ihn in einem Gebüsch in 3 Metern Entfernung. Ich möchte nur mal wissen, wer sich für ihn interessiert hat. Wenn der Schuh weg gewesen wäre; das wäre der Supergau gewesen! Also, ab heute kommen die lieber mit ins Zelt!

Ansonsten war der heutige Tag nicht sonderlich aufregend, wenn man mal davon absieht, dass die 1600 Meter Höhenverlust heute wieder aufgebaut wurden. Alles im „grünen Tunnel".

Finde den Weg!

Zur Mittagspause machten wir an einem wunderschönen Fluss Halt. Er war an manchen Stellen so tief, dass man darin schwimmen konnte. Ich habe es mal lieber nicht probiert, aber Bene und Lea waren mutiger. Aber schon nach 10 Sekunden waren sie wieder draußen! Bergflüsse sind halt eisig kalt. Und Forellen gab es dort! Hätte ich eine Angel dabeigehabt, wir hätten heute ein besseres Abendessen gehabt!

Wie ihr auf dem Weg sehen könnt, war es dort richtig idyllisch. Man könnte fast sagen romantisch. Eine tolle Kulisse für ein Video.
Mein kleiner Enkel hat in ein paar Tagen Geburtstag und so nehme ich am Wasser sitzend ein Video als Geburtstagsglückwunsch auf und schicke es seinen Eltern, denn seltsamerweise haben wir hier draußen Internet.

Mittagsrast am Squaw Valley Creek

Wie gesagt, heute war nicht viel zu entdecken. Selbst der Mt. Shasta war erst am späten Nachmittag zum ersten Mal zu sehen. Aber dafür waren wir dann doch relativ dicht dran.

Zum Ende des Wandertages hatten wir noch die Idee, die Strecke ein wenig abzukürzen. 2 Meilen gespart! Ich hätte das mal lieber nicht machen sollen, da ich den Weg nicht wirklich fand! Dummerweise hatte ich die Geländekarte nicht richtig in die App geladen, so dass ich zwar den Trail im Telefon sehen konnte, aber nicht die Abkürzung und was es da an Wegen gibt. Also, man hat ja GPS und richtet sich danach. Man weiß ja, wo die Tentsite sein soll. Das ging aber mitten durch eine Rodung und dann auch noch übelst steil den Berg hinab. Ich habe bestimmt 10x Stürze gehabt. Nix passiert! Glück gehabt! Auch die Hose ist noch ganz! Da zeigt sich, was gute Hardware ist!

Morgen geht es runter nach Dunsmuir zum Verpflegungseinkauf, Duschen, Wäschewaschen und Essen, und zwar was Ordentliches, sofern man das überhaupt in Amerika kann!

Bene und Lea habe ich dabei völlig aus den Augen verloren. Wer weiß, wo und wie die lang sind? Okay, dann schlafe ich eben allein heut Nacht. Irgendwo und irgendwann werde ich sie sicherlich nochmal „aufgabeln", bevor sie sich vom Trail verabschieden.

Kaum, dass ich mein Zelt aufgebaut hatte, kam Bene. „Hey, wo bleibst du denn?" Beide hatten gerade mal 200 Meter neben mir ihr Zelt aufgebaut. So dicht beieinander und doch nicht gesehen!

Trinity Alps – Mile 1507

4. Juli 2022

Das letzte Mal Mt. Shasta

Das sieht nur deshalb so toll heute Morgen aus, weil es heute Nacht gewittert hat. Eigentlich wollte ich ohne Überzelt schlafen, aber gut, dass ich es nicht gemacht habe! Halb

12 Uhr ging es los. Und dann gleich mit aller Macht! Lea und Bene fingen da mitten in der Nacht im Schein der Stirnlampe an, erst das Unterzelt umzubauen und dann das Überzelt aufzubauen. In der Zwischenzeit ist einiges bei ihnen nass geworden! Halb 2 Uhr war der „Spaß" dann vorbei. Ich lag ruhig in meinem Zelt und wartete ein wenig darauf, dass es irgendwo durchregnen würde. Aber war nicht! Auch das Vorzelt war dicht.

Der Vorteil der Wetterfront war, dass es heute merklich kühler (nur 24 Grad) und damit angenehmer war. Man konnte sich fast ärgern, dass man in die Stadt (Dunsmuir) wollte. Heute früh ging es deshalb auch ein wenig später los, denn wir hatten nur 4 Meilen bis zum Trailhead vor uns. Dabei gab es mal wieder einen inoffiziellen Trailmarker.

Wir ließen uns von einem Trailangel abholen, der 10 Dollar von jedem wollte. War okay, denn der Trailhead ist etwa 8 Meilen von Downtown entfernt. Außerdem wurden wir zuerst auf Wunsch aller zu einem Frühstücksrestaurant, welches sich natürlich genau am anderen Ende des Ortes befand, gefahren. Später dort wieder abgeholt und ins Stadtzentrum gebracht. Für mich gab es ein Sandwich mit Käse, Rührei und Bacon (vielleicht 8 cm hoch) und Hash Browns. Das ist so eine Art Rösti, nur lockerer und irgendwie zusammengekratzt.

Naja, die Mischung ist schon seltsam! Es ist aber auf jeden Fall eine Abwechslung zum Porridge jeden Morgen.

Zum Mittag saßen wir dann zum letzten Mal gemeinsam in der ortsansässigen Brauerei. Hier hat fast jede Stadt ihre eigene. Den Grund kennt ihr ja. Da sind das Essen und auch die Getränke deutlich preiswerter als in einem regulären Restaurant. Da wir alle noch ziemlich satt vom Frühstück waren, haben wir auf den Burger und die Rips verzichtet und Salat gegessen.

Um 2 Uhr kam dann das „Taxi" und hat mich und einen anderen deutschen Hiker wieder zum Trail gefahren. Da es der Trailangel sehr eilig hatte,ging leider alles so schnell, dass wir uns gar nicht in aller Ausführlichkeit voneinander verabschieden konnten. Leider gibt es nicht mal ein Abschiedsfoto von unserem Kleeblatt. Lea und Bene steigen nun vom Trail aus und machen noch ein paar Wochen Urlaub an der Westküste.
Schade! Die beiden fehlen mir schon, denn wie an anderer Stelle schon gesagt, wir haben uns ganz gut verstanden. Nun bin ich wieder Single on Trail!

Nach dem Mittagessen ging es gleich wieder steil bergauf. Gut, dass ich heute so viele Kalorien gebunkert habe! Mit dem Resupply und dem Gewicht des Essens hat man auch gleich eine viel bessere Bodenhaftung.
Es ging bestimmt wieder 1000 Meter hoch! Der Schweiß lief in Strömen, und es war gut, dass es, wie gesagt, heute nicht so warm war! Aber die Berge, die zu sehen waren, waren einfach toll! Sie erinnern durchaus an Südtirol!

Der Name scheint auch Programm zu sein.
Ich bin in den Trinity Alps.

Trinity Alps

Ich bin noch ein paar Meilen gelaufen und campe nun an einem kleinen Bach. Weiter bis zur nächsten Tentsite schaffe ich nicht. Die ist noch 8 Meilen entfernt und es ist schon 17 Uhr. Bis ich dort bin, ist es Nacht

.

Etna – Mile 1599

8. Juli 2022

Montag. Es hat die ganze Nacht hindurch geregnet. Die heutige Postkarte ist keine schöne! Was soll's, ich ziehe halb 7 Uhr los und es regnet in Strömen. Da fällt mir doch glatt „I'm singing in the rain" ein und ich tue es. Hoffentlich hat mich niemand gehört. Nee, bei dem Mistwetter bin ich ziemlich alleine unterwegs. 8 Meilen und 1700 Meter in die Höhe. Nur deshalb hat das mit dem Singen nicht so gut geklappt! Regenklamotten zog ich auch nicht an. Wozu? Unter den wasserdichten Sachen schwitzt man sich bei der Belastung zu Tode.

Vielleicht ist es auch mal wieder gut, dass das Hemd vom Regen gewaschen und das Salz vom Schweiß rausgespült wird! Ich habe es nicht probiert, aber ich hätte bestimmt mein Hemd vor dem Zelt abstellen können. Auch die Strümpfe werden hart und härter vom Salz des Schweißes und fangen dann sogar an zu reiben!

Der Regen hört und hört nicht auf und ich laufe einfach immer weiter. Mittagspause, wozu? Man will sich ja nicht auf einen nassen Stein setzen oder sogar die Isomatte ausbreiten und ein Nickerchen machen. Da wird man ja nass! Ach ja, ist man eh schon bis auf die Knochen! Hoffentlich hole ich mir keine Erkältung!

Und dann, oh Wunder, steht an einem Parkplatz bei diesem Schietwedda ein Tisch mit Obst, Kuchen und Getränken! Ich sage nur Trailmagic! The trail provides! Greg und seine Frau stehen da und warten auf uns. Respekt, stundenlanges Warten bei nasskaltem Wetter macht nun wirklich keine Freude! Als ich komme, ruft Greg mir zu: „Bist du ein PCT-Hiker? Ach ja, dich kenne ich! (Wir hatten uns nämlich vor drei Tagen schon mal getroffen.) Du bist doch Dr…, Dr…__ - irgendwas mit Zahn war's! Ach ja, Dr. Cola!" Der Name ist scheinbar sehr einprägsam und jeder will wissen, wie ich zu ihm kam. Dann erzähle ich meine Story und alle amüsieren sich köstlich. So leicht kann man Freude bereiten!

Nach einer Weile, einer Cola (na klar!) und einem Bier plus Melone und Banane (tolle Mischung!) ging es im Regen weiter vorwärts. Viele Hiker haben die Trailangel heute nicht versorgen können. Vor mir waren 4 Hiker da und nach mir auch.

Dadurch, dass ich heute kaum Pause gemacht habe bin ich auf 24 Meilen gekommen und kann in einer Regenpause schnell mein Zelt aufstellen. Ich raste heute an einem wunderschönen See. Aber der Name ist lustig – Stachelschweinsee.

Porcupine Lake

Dienstag. Das Mistwetter geht weiter! Es hat auch heute die ganze Nacht hindurch geregnet. Ich überlege in meinem Zelt, ob ich wirklich losgehen soll? Natürlich fällt mir wieder ein Lied ein: „Should I stay or should I go?" von The Clash. Und dann stelle ich auch noch fest, dass da Wasser in meinem Zelt steht! Da bringt Liegenbleiben nichts! Noch ist der Schlafsack trocken! Also rein in die nassen Socken und rein in die nassen Schuhe! Schön ist was Anderes! Rucksack eingepackt und obendrauf das fatschnasse Ober- und Unterzelt plus Groundsheet. Das ist natürlich auch schlammig! Und los! Es ist ja auch schon um 8 Uhr!

Ein ungarisches Sprichwort fragt: Warum freut sich der Zigeuner, wenn es regnet? Weil er weiß, dass danach die Sonne wieder scheint! Meine Freude hält sich sehr in Grenzen!

Die kommt erst ein wenig zurück, als mir entgegenkommende Wanderer etwas von einer wunderschönen Blumenwiese erzählen. Dort gäbe es Pflanzen, die sie noch nie gesehen hätten. Vielleicht habe ich was verkehrt gemacht? Ich jedenfalls habe keine solche Wiese gefunden.

Als gegen Mittag der Regen nachlässt und sogar die Sonne ein wenig herausschaut, sehe ich zum ersten Mal am Tage die Landschaft. Ich mache eine Rast und versuche das Zelt zu trocknen. Na hoffentlich bleibt es jetzt von oben her trocken, so dass ich es am Abend auch aufstellen kann. Ach ja, irgendwelche Unterstände gibt es hier draußen nicht. Da hat man das Wetter immer aus erster Hand!

Mittwoch. Hey, Petrus! Was soll das? Wir haben Sommer! Hochsommer! Auch in Kalifornien! 4 Grad plus! Da ziehe ich mal lieber die Daunenjacke an!

Also mal ehrlich, Anfang Juli bin ich noch nie mit einer Daunenjacke herumgelaufen! Aber heute war es nötig. Es hat zwar nicht mehr geregnet, dafür ging ein eisiger Wind. Und Nebel, Nebel, Nebel!
Gut, dass der Weg sehr offensichtlich war, sonst hätte man sich leicht verlaufen können.

Es war heute Morgen richtig mystisch. Mittelerde lässt grüßen!
Nebel. Mystisches Licht. Seltsame Pflanzen. Wie gesagt, es war schon ein wenig unwirklich. Aber die Sonne kämpfte. Gegen 10 Uhr hat sie es dann geschafft. Es ist zwar immer noch frisch, wolkig und windig, aber man kann endlich wieder was von der Welt sehen!

Und was es da zu sehen gab, war einfach nur wunderschön!

Es war der perfekte Ort zur Mittagsrast und lud natürlich wieder zum Fotografieren ein. Und dann einfach nur dasitzen, den Wind um die Nase wehen lassen und die herrliche Landschaft genießen!

Ein nettes Ehepaar, beide Mitte 70, habe ich heute auch kennengelernt.
Die beiden sind schon ein paar Jahre im Ruhestand und wandern immer noch in der Welt umher. Es stellte sich heraus, dass die Frau Deutschlehrerin war und ihr Mann jahrelang in Deutschland in einem großen Chemiebetrieb gearbeitet hat. Es war schön, dass sie sich mit mir auf Deutsch unterhalten wollte, was auch recht gut klappte. Ihr Mann aber verstand mich nur. Sprechen wollte oder konnte er nicht (mehr?) auf Deutsch.

Auch heute ging es wieder fast nur durch den Wald. Schöner grüner Wald!
Das ließ sich wieder super laufen (So ein Waldboden ist richtig wohltuend und gut für die
Gelenke.) und man konnte Meilen machen. Am Ende waren es wieder 24.
Habe ich eigentlich schon gesagt, dass die Tannenzapfen jetzt ganz anders aussehen? Sind,
glaube ich, auch Pinienzapfen.

Am Nachmittag wurde es dann etwas gruselig. Ich bin etwa 5 Stunden durch verbrannten
bzw. angekokelten Wald gelaufen. Wenn ich die Wanderstöcke in die Erde setzte, fühlte es
sich an, als wenn man sie in Kohlengrus stieß. Und genauso klang das auch.

Bloß nichts anfassen! Ich meine, man ist ja eigentlich schmutzig, aber auch noch rußig?
Muss echt nicht sein! Mal schnell waschen, geht leider nicht. Wasser in der Natur gibt es
weit und breit nicht und mit dem bissel, was man dabei hat, muss man elend haushalten!
Naja, und Schatten gibt es auch keinen. Da die Baumwipfel verbrannt sind, ist auch nichts
da, was irgendwie Schatten spenden könnte

Tja und sonst? Kein Hiker weit und breit heute. Erst als ich abends 7 Uhr mein Zelt aufgebaut hatte und meine allabendliche Ramen verspeiste, kamen zwei vorbeimarschiert. So, morgen habe ich 22 Meilen vor mir, dann geht es mal wieder in die Stadt. Mal sehen, ob ich das noch abends machen werde oder doch noch eine Nacht im Wald verbringe und erst am nächsten Morgen nach Etna fahren werde.

Donnerstag. Auch heute geht der Tag genau so los, wie gestern.

Womit habe ich das nur verdient? Wobei, ein wenig wärmer kommt es mir vor. Also, schnell das Porridge gegessen, die heiße Schoki getrunken, zusammengepackt und los. Kaum, dass ich den Berg vielleicht 30 Meter hinab bin, kommt die Sonne hervor.

Nun wird mir einiges klar! Ich habe mal wieder in einer Wolke geschlafen! Auf einer Wolke liegen…, okay. Aber in einer Wolke…? Da braucht man sich nicht wundern, wenn alles fatschnass ist!

Es dauert gar nicht lange, und die Sonne kommt richtig raus. Aber richtig warm wird es nicht. Da bin ich aber nicht bös´ drüber, denn stellenweise gibt es keinen Schatten.

Heute geht es größtenteils wieder durch den Wald. Zum Teil ist er verkohlt, verbrannt, aber auch über weite Strecken schön grün. Auf jeden Fall nie aufgeräumt!

Es ist der reinste Hindernislauf! Mitunter schaffe ich da nur eine Meile in der Stunde. Ich will mal nicht nur meckern, Aussichten gab es endlich auch wieder. Und die waren wunderschön.

Und es hat über alle Maßen geblüht! Ich habe sogar Blumen gesehen, die, wie sich später herausstellte sehr selten sind, und nur hier wachsen.

Okay, in der Natur sehr selten. In Baumärkten in Blumentöpfen oft zu kaufen!

Und weiter ging es bergauf, bergab und mit einigen Überraschungen. So wurde ich, nachdem ich einen See passiert hatte, plötzlich von 2 gut gebauten, jungen Damen überholt. Was soll ich euch sagen? Viel hatten sie nicht an! Nur Cowboyhut, Cowboystiefel und Bikini. Hoppala! Da muss man ganz genau auf den Weg achten, damit man nicht über eine Wurzel stolpert! Nach etwa 10 Minuten bemerkten sie aber, dass sie den falschen Weg eingeschlagen hatten und kehrten um. Das Schauspiel war zu Ende.

Eine Abkühlung gab es dann auch noch. Da lag doch wirklich ein Schneebrett am Hang über den Weg. Einfach drüberlaufen wollte ich nicht. Und wegen 10 Metern die Spikes rauskramen wollte ich auch nicht. Also umgehen! Mein Fehler war, ich versuchte es über den oberen Rand. Dort musste ich dann allerdings doch rein in den eisigen Schnee. Das ging auch 3 Meter gut. Und plötzlich, ehe ich mich versah, ging es abwärts und das verdammt schnell! Ich wusste gar nicht, dass man mit einem Rucksack auf dem Rücken dermaßen schnell im Schnee unterwegs sein kann. Glücklicherweise ging alles gut und ich weiß jetzt auch, was „Glissading" ist.

Der Höhepunkt des Tages kam aber erst am Abend. Mich hatte heute wieder nur ein einziger Hiker überholt und das erst kurz vor dem Ende der heutigen Etappe. Ich sah ihn unten am Trailhead an der Straße stehen, wie er versuchte zu hitchen. Um die Zeit und in dieser Gegend kommt doch keiner mehr – dachte ich jedenfalls. Hier musst du doch versuchen, mit dem Telefon einen Trailangel zu rufen! Eine innere Stimme sagte mir aber, beeile dich! Vielleicht hat er ja doch Glück? Und das hatte er! Gerade als eine ältere Frau mit ihrem fast genauso alten Pickup losfahren wollte, kam ich dazu und wurde auch noch mitgenommen. Mit ihrem Auto transportierte sie eine Ladeflächenabdeckung für einen anderen Pickup. Unter diese Abdeckung mussten wir klettern. Aber nicht einfach klettern, Zugang ging nur durch ein 40 x 40 cm kleines Fenster. Gut, dass man auf so einer langen Wanderung ein paar Kilo gelassen hat! Die Rucksäcke durften auf dem Beifahrersitz bei ihren Hunden mitfahren.

Die Frau ließ uns dann in Etna vor einem Restaurant (Brauerei) wieder raus und es ging dann auch gleich in selbiges hinein. Dann aber auch gleich wieder heraus. Dies war ein edler Schicki-Micki-Schuppen. Da passen wir absolut nicht hin. Als wir den Laden betraten, haben gleich einige Gäste die Nase gerümpft. Stinken wir wirklich so fürchterlich, oder ist es unser

Äußeres, was den Leuten nicht gefällt? Dann eben erst mal los zum Stadtpark, in dem PCT Hiker für wenig Geld ihr Zelt aufstellen dürfen. Und dann doch noch mal los und die andere Brauerei gesucht! Die haben wir ganz schnell gefunden. Soup of the Day war dort gebrautes Bier und weil Donnerstag war, gabs das sogar für nur 2 Dollar. Sonst ist man mit mindestens 6 Dollar für ein Bier dabei. Endlich mal wieder was anderes essen und trinken!

Etna – Zero Day

9. Juli 2022

Ihr wisst ja schon Bescheid, Zero Day, keine Meilen! Wäsche waschen, einkaufen und endlich mal wieder Duschen!

Etna ist wirklich eine gemütliche Kleinstadt! Ich würde eher sagen, großes Dorf mit Geschäften und Restaurants und sogar einem Theater. Und es hat, wie schon erwähnt, zwei Brauereien! Aber nur in einer der Brauereien gibt es auch das selbst hergestellte Bier! Wie schon gesagt, es ist gemütlich hier und sehr hikerfriendly!

Bis zum Waschsalon sind es bestimmt 1,5 Meilen. Aber das stört einen echten Hiker wenig. Schließlich geht es dahin mit nur sehr, sehr leichtem Gepäck. Vorsichtshalber hatte ich mir einige Münzen organisiert, die ich aber dann im Salon doch nicht brauchte. Um waschen zu können, muss man hier eine Chipkarte erwerben, und die hätte ich auch mit Karte kaufen können. Auf dem Weg zurück zum Zelt kam ich an einer Schule vorbei, die ein Schwimmbecken neben dem Schulhof hat. Da kamen schon ein wenig Neid auf die Schwimmunterrichtler und Sehnsucht auf. Mal wieder richtig Schwimmen gehen und das bei den heißen Temperaturen, das wäre doch was. Abends erfahre ich dann, dass das durchaus und auch noch kostenlos (für Hiker) möglich gewesen wäre. Man hätte nicht einmal richtige Badasachen anhaben müssen. Nackt geht natürlich nicht! Wir sind ja in den USA! Aber in der Unterhose hätte es klappen können.

Morgen geht es wieder auf den Trail. Um 8 Uhr will ich in der Bakery nochmals richtig frühstücken, dann bringt mich ein Trailangel wieder zurück auf den Track. Mal sehen, ob ich bereits in Seiad Valley kurz einkehre oder gleich bis Callahan weiterlaufe. Würde ich mit einem Auto nach Callahan fahren, wären es bis dahin 14 Meilen. Zu Fuß auf dem Trail sind es fast 120! Komisch?!

Etna Impressionen

Seiad Valley – Mile 1656

12. Juli 2022

Samstag. Die letzte Nacht wird allen Hikern, die im City Park von Etna gecampt haben, in Erinnerung bleiben. 20 Uhr ist ja Hiker Midnight und alle lagen bzw. schliefen schon in ihren Zelten. Plötzlich um 22 Uhr gingen die Rasensprinkler an! Die waren gut im Rasen versteckt montiert und keiner hatte sie gesehen. Einen Aushang, dass es sowas gibt, gab es auch nicht. Also: Surprise! Nachdem alle Zelte eine Stunde lang gewässert wurden, hörte der Spuk auf. Es muss ja nicht immer Regen sein, der einen einnässt!

Heute Morgen wurden nun die gestern käuflich erworbenen Dirty Girl Gaiters (Gamaschen) eingeweiht. Was das mit schmutzigen Mädels zu tun hat, ist mir allerdings unklar.

Dirty Girl Gaiters

Sieht schon irgendwie witzig aus! Aber hier laufen fast alle mit den Dingern rum, da ja fast alle auch mit Trailrunnern unterwegs sind.

Ich kam mir erst mal ganz schön komisch vor! So in etwa wie Onkel Dagobert aus Entenhausen.

Aber die Dinger sind wirklich gut! Nicht ein Steinchen, keine Tannennadel und nicht mal Sand im Schuh! Die Investition hat sich gelohnt.

Kurz vor dem Transfer zum Trailhead noch zum Frühstück in die Bakery. Die macht erst um 8 Uhr auf. Und da stehen dann alle Hiker, weil 8.30 Uhr fährt ja das Auto .

Molly, eine Dame in den 70ern, raste wie nicht gescheit die Serpentinen hinauf. Kurven wurden geschnippelt, und wenn Gegenverkehr kam, hoppala...!

Breakfast in America (Supertramp)

Pünktlich um 9 Uhr waren wir wieder am Trail und haben auch bald wieder einen Mile Marker erreicht. 1600 Meilen! Mann, wer hätte das gedacht, dass ich so weit komme! Ich hatte mir vorgenommen, wenigstens so weit, wie mein Freund Klemens zu kommen, und jetzt bin ich hier. Die Grenze von Kalifornien rückt langsam näher. Naja, es sind schon noch ein paar hundert Meilen, aber die werde ich doch schaffen?!

Anfangs lief ich gemeinsam mit zwei älteren Herren in meinem Alter (Später stellte es sich heraus, dass sie 10 bzw. 15 Jahre jünger als ich waren.), die ich schon vorher einmal getroffen hatte, in der Hoffnung, dass sich wieder ein Kleeblatt formen könnte.

Aber nein, sie hatten keinen Sinn für die Schönheit der Natur.
Pause? Höchstens mal zum Wasserlassen! Fotos? Nicht eins! Schauen nach dem Hiker Partner? Niemals! Dafür Speed, Speed, Speed!
Das ist nicht mein Ding! Also ließ ich sie ziehen. Wer weiß, wann sie es bemerkt haben, dass ich ihnen nicht mehr folgte.

Heute ging es über weite Strecken wieder durch verbrannten Wald. Also viel Schmutz, wenig bzw. gar kein Schatten, dafür jede Menge umgestürzter Bäume! Ich habe mal wieder gezählt. Heute waren es 146 richtige Bäume, also Durchmesser von wenigstens 40 cm, über die ich gestiegen bzw. manchmal auch geklettert bin! Teilweise ging es auch wieder über Geröllfelder. Das lässt sich vielleicht bescheiden laufen! Aber manchmal macht es trotzdem Freude, die steinigen Abhänge anzuschauen. Das sieht manchmal aus, wie in einem Steingarten.

... und es ist nicht der Rennsteiggarten!

Tja, und ansonsten halt die üblichen Aussichten! Das ist nun schon gar nichts Besonderes mehr, obwohl es doch so sehr schön und beeindruckend ist!

Beim Absprung vom Baum 113 habe ich die Landung nicht richtig hingekriegt und irgendwie das linke Knie und den Fuß verdreht. Das Weiterlaufen war dann keine Freude mehr und ich bin nur noch zur nächsten Quelle gelaufen, habe Wasser geholt und mein Zelt gegen 18 Uhr aufgebaut.

Sonntag. Ich kann Rehe nicht mehr leiden! Die blöden Viecher kamen heute Nacht zu Besuch. Ein Gekeuche und Geklapper! Auf der Suche nach etwas Salzigem haben sie bei mir die Griffe der Trekkingstöcke abgeleckt, bei meiner Zeltnachbarin haben sie diese zum Teil verspeist! Heute Morgen beim Anziehen der Schuhe habe ich dann feststellen müssen, dass von meinen Schnürsenkeln auch nur noch die Hälfte da war. Rrr...! So kurz, wie die waren, konnte ich eigentlich keine Schleifen mehr binden. Mit dem verbliebenen Rest der Schnürsenkel raus aus den Löchern und neuen Versuch starten. Geht! Fühlt sich jetzt irgendwie komisch an, muss aber funktionieren, bis ich mal neue kaufen kann.

Auch sonst ging der Tag irgendwie nicht gut los. Ich fühlte mich wie falsch zusammengeschraubt und auch nicht richtig abgeschmiert. Irgendwie stakste ich dann doch durch eine wunderschöne Landschaft.

Die Wiesen blühten wieder wunderschön. Bei uns daheim wäre jetzt im Juli schon vieles vorbei mit der Blütenpracht. Hier aber hat gerade der Frühling seinen Höhepunkt.

Der Frühling hat aber auch noch einen anderen Vorteil. Dadurch, dass in den Bergen noch der Schnee schmilzt, ist es kein Problem, frisches Wasser zu finden. Es sprudelt an ganz vielen Stellen am Bergesrand. Somit muss man auch nicht so viel davon mit sich rumschleppen! … und der Rucksack ist deutlich leichter!

Für die kochende Hausfrau gab es auch wieder jede Menge Küchenkräuter. Liebstöckel könnte man hier mit einem Mähdrescher ernten! Aber wer braucht schon so viel?

Zu Mittag hatte ich gerade einmal 8 Meilen auf meinem Konto! Okay, es ging mal wieder viel und steil bergauf. Als Rastplatz hatte ich mir einen kleinen Bergsee ausgeguckt. Er war aber sehr, sehr flach. Ansonsten wäre ich heute bestimmt ins Wasser gestiegen! Und natürlich hatte ich wieder Besuch von einem Reh. Aus etwa 3 Metern Entfernung hat es mich freundlich angeschaut. Ich aber habe ihm die Zunge rausgestreckt und schlechte Wörter gesagt.

Paradise Lake

Heute wollte ich einen eher Ruhigen machen, da es ja nicht richtig lief und habe heute Mittag am Wegesrand meine Isomatte ausgebreitet und dann tatsächlich auch ein wenig geschlafen. Danach war ich wie ausgewechselt! Ich hatte einen richtigen Flow. Und das, obwohl es ziemlich warm und in den feuchten Wiesen richtig dampfig war! Vielleicht wollte ich einfach nur vor den Mückenschwärmen flüchten?

Am Nachmittag, als ich mal wieder einen steilen Berg hinab bin und kurz bevor es einen ebensolchen wieder hinauf sollte, habe ich einen sehr netten Hiker getroffen. E.T.! Nein, nicht den Außerirdischen. Er hat mir seinen Namen erklärt, nachdem ich ihm erzählt habe, wie ich zu meinem Namen kam. E.T. heißt nicht Extra Terrestrial, sondern Eternal Turtle. Also die ewige Schildkröte. Er sei zwar nicht der Schnellste auf dem Trail, aber stets und ständig, schön langsam voran. Ich kenne doch bestimmt den Eternal Bunny aus der Werbung von Duracell? Klar kenne ich den Duracell-Hasen. Bin ja auch schon etwas älter!

Wir haben uns über dieses und jenes ausgetauscht und ich habe mal wieder über die Speed Hiker gemeckert. Seine Meinung dazu war:" If it makes them a smile in their face, it´s okay!" Nun ja, so kann man natürlich die Sache auch betrachten

Wasser zu finden, war heute nicht einfach! Besonders, wenn man wieder durch Mondlandschaften muss!
Es ist schon erschreckend einen Wald nach einem Brand zu sehen, zugleich aber auch schön, wie schnell sich die Natur wieder ansiedelt und alles grün wird.

Als ich gegen 6 Uhr an die vorher ausgeguckte Tentsite kam, war die nicht wirklich schön! Ich habe dann in der App nachgesehen und die nächste in 3,9 Meilen Entfernung gefunden. Das sind etwa 2 Stunden Laufen. Da es bergab gehen sollte, also eher etwas weniger! Aber denkste! Der Weg war teilweise völlig überwuchert (von den bekannten Baumhindernissen will ich nicht schon wieder anfangen) und so ist es dann auch passiert, dass ich den unsichtbar gewordenen Trail unbemerkt verließ, und irgendwo im Dickicht rumgestolpert bin. Dank GPS fand ich dann doch relativ schnell, wenn auch ziemlich anstrengend, auf den Weg zurück. Ich befand mich nur etwa 15 Meter neben dem Trail. Leider aber 30 Meter tiefer. Und einen Pfad hinauf gab es nicht. Es war die reinste Kraxeltour, bis ich wieder auf der im GPS angezeigten roten Linie stand. Beim abendlichen Gespräch mit anderen Hikern konnte ich erfahren, dass es allen anderen gleichermaßen erging. Dies erklärt dann auch die vermeintlichen Wege (die Trampelpfade, denen ich folgte) durch das Dickicht und ich bin froh, dass ich nicht der Einzige war, dem das passiert ist!

Montag. Heute Nacht gab es keine besonderen Vorkommnisse. Ich habe mich kurz vor dem Start noch ein wenig mit meiner Zeltnachbarin unterhalten, die nur so ein wenig in der Gegend wandert. Sie will heute in die Richtung, aus der ich gestern kam. Ich habe sie natürlich vor den Unwegsamkeiten gewarnt. Bushwhacking (durch das Gebüsch schlagen), ja, das kenne sie. Das wäre auf dem Weg von Seiad Valley hier zur Tentsite auch schon nötig gewesen! Diese Stellen habe ich heute gesucht, aber nicht gefunden! Bis halb 9 Uhr musste ich nicht einmal über einen Baum steigen! Die Arme wusste nicht, was auf sie zukommen würde!

Heute war der Trail die reinste Autobahn. Alles aufgeräumt und nahezu eben und über weite Strecken ging es sogar taleinwärts. Es gab sogar ein paar richtige Brücken.

Die letzten 6 Meilen auf dem Trail waren dann allerdings der Hass! Es war kein richtiger Trail mehr. Es ging bei fast 40 Grad auf einer Asphaltstraße entlang. Auf diesen 6 Meilen fuhr nicht ein einziges Fahrzeug an mir vorbei! Hitze also von oben und von unten!

Dabei gab es an der Straße das eine oder andere Grundstück mit Haus. Da hätte doch mal jemand zum Einkaufen fahren können. Aber nein!
Das Gemeine war, ich musste etwa 3 Meilen am Fluss die Straße entlang laufen (Auf der anderen Seite des Flusses war mein Tagesziel schon zu sehen.), um dann über eine Brücke zu gehen und die 3 Meilen nur eben auf der anderen Seite wieder zurück zu laufen.

Seiad Valley ist die letzte Stadt vor der Grenze zu Oregon. Ich weiß nicht, ob man das bei uns überhaupt als Ort deklarieren würde. Eigentlich sind das nur 5 Häuser, ein Laden mit Poststation und eine Schule. Hier lief ich pünktlich um 12 Uhr ein. Wegen der großen Hitze blieben erst einmal alle Hiker hier über Mittag und lagen nach dem Einkauf und dem Burgeressen im Schatten der Bäume. Zu meinem Westernburger gab es eine seltsame Beilage. Hüttenkäse mit Ananas. Darauf muss man erst mal kommen. Klingt nicht nur seltsam, schmeckt auch so!

Seiad Valley Store

Wie schon gesagt, hier trafen sich alle ankommenden Hiker erst einmal. Keiner wollte in der Glut weiter. So hingen hier etwa 30 Leute den ganzen Nachmittag bei Eis und eiskalten Getränken ab.

Hier traf ich auch ein junges Mädel wieder, welches mich unterwegs schon mehrfach überholt hatte (Bloß wann habe ich sie wieder überholt? Ich habe sie nicht bemerkt.) Auf ihrem Rucksack hatte sie zwei Aufnäher. Einen von der Schweiz und einen von Tibet!? Als ich sie ansprach, ob ich sie nun mit Gruezi oder Tashi delek begrüßen solle, hat sie sich gefreut und vermutet, ich könne tibetisch. Aber Tashi delek ist nahezu das Einzige, was ich auf Tibetisch kann. Sie erklärte mir, dass sie aus der Schweiz komme, ihre Mutter aber sei Tibeterin. Deshalb also die beiden Pads. Frage geklärt, nur ich weiß noch nicht, wann ich mich wieder in die Spur begebe. Noch heute Abend, wenn es etwas kühler geworden ist, oder doch erst morgen Früh beizeiten?

Ashland – Mile 1719

15. Juli 2022

Dienstag. Gestern Abend bin ich von den zwei Herren, mit denen ich von Etna aus gestartet bin, überraschend eingeladen worden, mit ihnen zu laufen. Es waren Flipper und Wardow, die schon mehrfach vorher meinen Weg kreuzten. Jedenfalls beschlossen wir, dass wir erst mal hierbleiben und auch schlafen werden, dann aber wegen der großen Hitze schon früh um 4 Uhr losmarschieren. Es sollte ja auch gleich zu Beginn einen steilen Berg hinaufgehen.

Auf 6 Meilen 1600 Meter Höhengewinn! Mein lieber Herr Gesangsverein! Da kommt man auch ohne Sonne ganz schön ins Schwitzen!

Also klingelte um 3 Uhr der Wecker. Im Schein der Stirnlampe wurde das Zelt abgebaut, und alles eingepackt und los ging es. Bis auf ein Drittel der Höhe konnte ich noch gut mithalten, dann musste ich sie wieder ziehen lassen. Da sie auch keine Anstalten machten, mal kurz zu warten, habe ich sie heute auch nicht mehr gesehen. Was soll's? War wohl nicht so richtig ernst gemeint!

Sonnenaufgang auf 1/3 der Höhe

Ich bin dann halt in meinem Tempo langsam und mit ein paar kleinen Pausen den Berg rauf. Die Aussichten waren wieder mal grandios. Die richtig rauhen Berge sind in weitere Ferne gerückt. Wären hier keine Waldbrände gewesen, wäre wohl alles grün. Wobei, Sträucher gibt es in rauhen Mengen. Mitunter kommt man kaum durch, wenn man auf dem Weg bleiben will! Das war wahrscheinlich die Stelle, von der mir die gestern getroffene Dame berichtete.
Und die schönsten Blumen blühen hier einfach so!

Ganz ohne gärtnerische Pflege!

Nach dem „Riesenkanten" bergauf war selbstverständlich das Auf und Ab noch nicht zu Ende. Wobei, manchmal macht es ja auch Freude, was man da von der Natur zu sehen bekommt! Offensichtlich will es Kalifornien doch noch einmal von einem wissen, bevor es morgen nach Oregon hinübergeht!

Ich hatte mir in Anbetracht der Strapazen am Morgen nur eine Strecke von 16 Meilen vorgenommen. Zu später Mittagszeit war ich aber schon da. Also erst mal große Pause, denn auch in der großen Höhe war es immer noch sehr warm. Ich schätze mal, dass es immer noch um die 30 Grad waren! Und dazu noch schwülwarm! Diese Idee hatten offensichtlich mehrere Hiker, denn hier war wieder mal ein Treffpunkt. Beim Betrachten meines Rucksacks ist mir fast das Herz stehen geblieben! Der linke Schulterriemen ist zur Hälfte herausgerissen! Wäre die Schulterriemenkostruktion nicht aus einem Stück, wäre er schon ab! Ich habe versucht, ihn mit Zahnseide anzunähen, was mehr als bescheiden ging. Problematisch schon beim Einfädeln. Die Seide aus Kunststoff und damit sehr störrisch, das Öhr sehr, sehr klein. Verflixt und – leider ja nicht -zugenäht! Bambi, die mir die Zahnseide gab, half mir zumindest beim Einfädeln. Bambi? Wie kommt man auf den Trailnamen? Naja, ihre Augen wären wie bei Bambi und erst noch ihre Beine! Schlank waren sie. Ja. Aber doch nicht so behaart! Dann war sie fort und das, was ich mühevoll zusammengenäht habe, hat leider nicht lange gehalten. Eigentlich überhaupt nicht! Denn beim Aufsetzen des Rucksacks war gleich ein komisches Geräusch zu hören. Der ganze Spaß war wieder gerissen! Hoffentlich hält er noch 2 Tage, denn dann kann ich ihn auspacken und eventuell in Medford im REI reparieren lassen. Wenn der Schulterriemen nicht durchhält, weiß ich nicht, wie ich den Rucksack transportieren soll. Unter den Arm klemmen? Geht garantiert bescheiden! Ich fürchte nur, dass mein Rucksack ersetzt werden muss! So langsam entwickelt sich das ganze Unternehmen zu einer Materialschlacht! Erst die Schuhe, jetzt der Rucksack, und das Zelt ist vom Boden her auch nicht wirklich dicht!

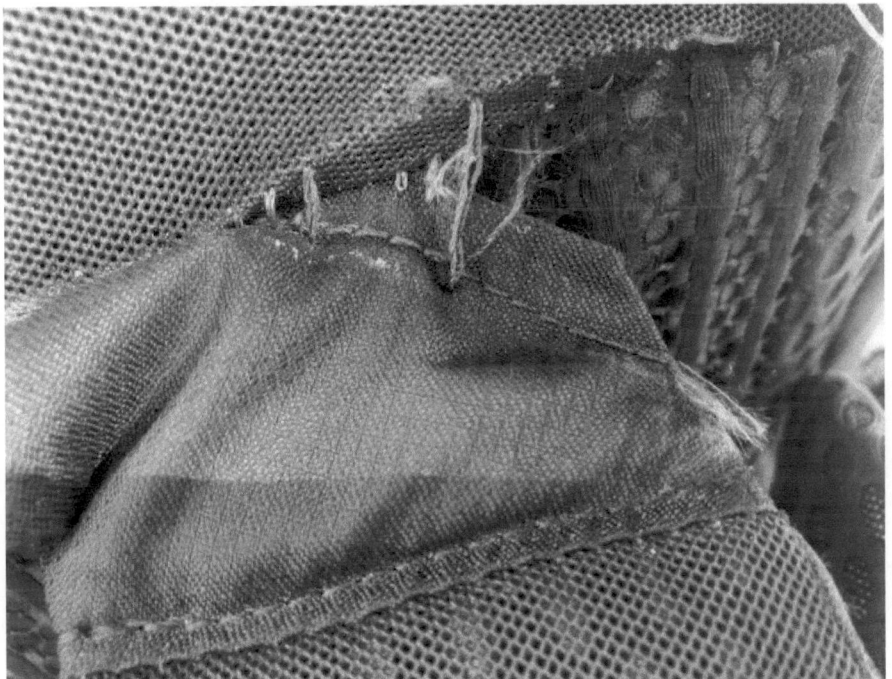

defekter Schultergurt

Mittwoch. Der Tag begann wieder mit strahlendem Sonnenschein. Da macht es eine Freude, durch die Natur zu rennen. Und da stört es auch weniger, dass es schon wieder bergauf ging, das Deo sowieso versagt hätte und man schon am frühen Morgen schnauft.

Und je näher ich Oregon komme, zumindest habe ich so das Gefühl, ändert sich auch der Charakter der Landschaft. Und dann auch noch das Geläut von Kuhglocken! Ja, sind wir denn im Schwarzwald?

amerikanischer Schwarzwald

Die Mittagspause halte ich heute mal ein wenig kürzer. Ich muss Meilen machen, damit ich morgen noch nach Callahan bzw. Ashland komme.
Meinen Rucksack habe ich heute noch mit Sicherheitsnadeln „repariert". 4 Stück habe ich verwendet! Richtig sicher bin ich mir meiner Reparatur aber nicht. Hoffentlich hält er noch durch! Auf dem Kopf den Rucksack zu balancieren und damit durch die Landschaft zu heizen kann ich nicht. Sowas können nur afrikanische Soldaten, die ich in Kamerun mal bei einer Übung gesehen habe. Da haben sie nicht nur ihr Marschgepäck, sondern auch die Waffen so transportiert.

Um 14.45 Uhr ist es dann passiert! Liebe Leute, das war's dann! Nein, nichts Schlimmes! Ich bin über die Grenze nach Oregon gegangen! Goodbye California, Oregon, here I come!

Goodbye California

Und auch hier verweilen alle erst mal für ein Viertelstündchen, tragen sich in das Trailregister ein und werten den Weg hierher aus bzw. machen Pläne, wie es weitergeht. Fast jeder will erst mal nach Ashland zum Resupply. Ab Ashland wird es dann immer schwieriger mit dem Einkaufen von Vorräten, da es immer weniger Ortschaften mit Einkaufsmöglichkeiten gibt. Von hier aus sollte man sich schon ein paar Pakete vorausschicken!

Von wegen, Oregon ist easy. Auch hier geht es gleich wieder bergauf. Ihr könnt das bestimmt schon nicht mehr hören! Wenn es aber doch so ist! Naja, jedenfalls bin ich heute 23 Meilen gelaufen und habe an einer Wegkreuzung mein Zelt aufgebaut, als zwei Hiker kamen und mich nach dem Trailmagic fragten, welches in einer halben Meile Entfernung sein solle. Keine Ahnung! Ich hatte zwar das Schild gesehen, aber das war's dann auch. Aber es hätte doch in FarOut gestanden! Tja, entweder habe ich das samt Wegbeschreibung übersehen, oder die App hatte sich nicht aktualisiert, weil ich mit dem Handy im „falschen" Netz angemeldet war. Na, jedenfalls sind wir zu dritt die Dirt Road hinab und da war es dann. Getränke, Obst, Kuchen, und es roch nach Gras. Ihr wisst, was ich meine. Das Zeug gibt es ja überall ganz legal zu kaufen. Also alles, was das Hikerherz erfreut! Leute, heute ist ja auch der 13., mein Glückstag! Obwohl, ein wenig traurig war ich schon. Keine Cola! Wahrscheinlich schon alle! Ich habe mich dann beizeiten dort aus dem Staub gemacht bin wieder hinauf zu meinem Zelt gelaufen und habe mir heute einen richtig schönen Feierabend gemacht! „It´s a kind of Magic" - Queen

Isn't it magic?

Donnerstag. Heute sind es nur 18 Meilen, die ich vor mir habe.
Heute Morgen ist es etwas frisch, aber die Aussicht ist grandios! Dennoch ist es irgendwie ein seltsames Gefühl, nicht mehr in Kalifornien zu sein.

Da ich Kalifornien durchquert habe und vorhabe, einen Vortrag über mein Abenteuer zu machen, habe ich schon einen Titel. Crossing California. Den könnte ich auch machen, wenn ich jetzt aufgeben müsste.
Aber es geht ja weiter!

Ja, Oregon ist wirklich anders als Kalifornien! Viel Wald, viele grüne Wiesen, durch die ich gehe und wenige über dem Weg liegende Bäume, über die ich steigen muss. Und viele Orchideen!
Keine Ahnung, wie sie heißen. So gut kenne ich mich da nicht aus. Ich erkenne nur, dass es Orchideen sind und auf jeden Fall keine Phalaenopsis sind! Bloß gut, wenn man daheim gute Freunde hat, die sich mit etwas auskennen. Die werden sicherlich über mein Unwissen lächeln, aber der Mensch kann ja nicht alles wissen. Außerdem ist man ja lernfähig!

In der Mittagszeit bin ich wieder auf Trailmagic gestoßen. Da standen plötzlich 2 Kühlkisten mit Getränken im Schatten eines Nadelbaumes. 2 Zelte standen auch versteckt dort. Aber niemand zuhause. Dann eben Selbstbedienung, aber leider keine Unterhaltung.

Trailmagic

Hallo? Gibt es vielleicht doch Zeichen von einer höheren Instanz? Der Name der Box lässt das vielleicht vermuten? Wahrscheinlich verlässt der liebe Gott einen guten Atheisten nicht?! Na, jedenfalls habe ich mal solch eine Büchse probiert. Shasta Creme Soda. Schmeckt wie Henry Milchbonbon mit Kohlensäure. Für die, die nicht wissen, wie die früher mal geschmeckt haben, leicht milchig-karamellig und eben mit Blubber.

Dann ging es fleißig weiter und weiter. So weit, dass ich den Abzweig zu meinem eigentlichen Ziel, der Callahans Lodge verpasst habe. Viel Gutes gibt es über diese nicht zu berichten, aber dort gibt es eine Trailangel-Telefonliste und die könnte ich gut gebrauchen! So hätte ich anrufen und mich in den Ort bringen lassen können. Nun, war eben nicht! Also wollte ich es so über Hitchhiking probieren, um erst mal nach Ashland zu kommen. Von dort aus fährt dann ein Bus mehrmals täglich nach Medford, wo ich im REI (Globetrotter) mit meinem Rucksackproblem vorstellig werden wollte. Da hätte ich irgendwie ein Taxi nehmen müssen, denn der Laden befindet sich ja nicht gleich am Busbahnhof, sondern wie alle größeren Geschäfte in den USA am Rande der Stadt.

Aber es kam alles ganz anders! Als ich am nächsten Trailhead ankam, waren dort Bambi und Bubbles, die von einer Freundin mit dem Auto nach Ashland abgeholt wurden. Beide wussten ja schon von meinem Problem mit dem Rucksack, und Bambi war es auch, die mir die Zahnseide zum Nähen gab. Da das ja nicht wirklich funktionierte und auch die Variante mit Sicherheitsnadeln nicht wirklich hielt, fiel ihnen ein, dass sie auch noch etwas aus dem REI bräuchten. Also sind wir alle in einem übervollen Auto inklusive Campingtisch und -stühlen und Hund (!) dort hingefahren. Der Verkäufer hat sich den Schaden angeschaut und mir erklärt, man könnte es versuchen, das zu nähen, aber er gibt der ganzen Sache keine gute Chance. Ich könne den Rucksack dalassen und Anfang nächster Woche abholen. Das geht ja nun leider überhaupt nicht! Also habe ich nun seit heute Nachmittag einen neuen Rucksack. Neue Schnürsenkel habe ich nun auch. Ein anderes Basecap musste ich mir auf Anraten vieler Hiker auch zulegen. Man glaubt es kaum, aber es gibt schon ein wenig so etwas, wie einen Dresscode. Ich bin auf jeden Fall mit dem hellen Hemd und dann auch noch einem hellen Cap viel zu ordentlich angezogen. Nun gut, dann wenigstens ein Patagonia Trucker Cap wie alle anderen! Ja, und dann haben Bambi und Bubbles noch diverse Einkäufe erledigt und danach sind wir wieder zurück nach Ashland gefahren, wo ich in einem Hostel Unterkunft nach Online-Anmeldung gefunden habe. Morgen ist bei mir auch Resupply angesagt! Außerdem muss ich mal den weiteren Verlauf der Strecke checken, denn da sieht es nicht besonders rosig mit Einkaufen aus. Da werde ich wohl Esserei lieber im Paket vorausschicken.

Ashland – out of trail

16. Juli 2022

So, heute musste ich mal wieder einen zero day einfügen, um diverse Lebensmitteleinkäufe zu erledigen, die nächsten Etappen zu planen, Essenspakete auf die Post zu schaffen usw.

Aber erst mal zu meiner Unterkunft. Ich übernachte diesmal in einem Hostel. Das habe ich bisher noch nie gemacht. Ist schon ein wenig wie Jugendherberge mit Selbstverpflegung.

Ashland Common

Ich teile mir das Zimmer mit 3 weiteren Herren, die meine Bärenvertreibergeräusche des Nachts ertragen müssen. Damen und Herren schlafen räumlich getrennt. Küche und Toilette wird gemeinsam genutzt.
Die Unterkunft ist voll und die meisten Gäste kennt man vom Trail. Kleinere Herbergen oder Hotels in der Stadt sind alle entweder ausgebucht oder einfach unbezahlbar! Ich bin einfach geizig und will nicht 468 $ plus Steuer für eine Übernachtung bezahlen! So müde kann man

gar nicht sein! Und außerdem, wir sind in einer Kleinstadt, die eine Großstadt imitieren möchte.

Na gut, werden sie sich dort sagen, dann fangen wir mal bei den Preisen für die Beherbergung an! Ansonsten ist die Stadt eher gemütlich.

Eine gewisse Bekanntheit über die Grenzen hinaus hat die Stadt doch. Jedes Jahr im Sommer findet hier das Ashland Shakespeare Festival mit internationaler Beteiligung statt. Da kann man schon mal etwas mehr Geld nehmen!

Ashland

Den Tag begann ich früh um 7 Uhr mit einem Frühstück bei Ruby's. Ich bin ja wie immer um 5.30 Uhr munter, und in der Gemeinschaftsküche wollte ich um diese Zeit noch nicht herumpoltern. Alle Anderen schlafen noch.

Ruby's

So früh am Morgen haben die Restaurants fast alle noch zu. Hier wird im Allgemeinen erst um 9 Uhr aufgemacht. Es war eigentlich eine Verlegenheitslösung, aber die beste, die ich machen konnte! Obwohl ich nun schon in Oregon bin, gibt es immer noch Burrito. Und es war das beste Frühstücksburrito meines Lebens! Meistens sind die Dinger ja einfach nur bumm! Schwer, kalorienstark und geschmacksneutral! Aber das hier! Locker, lecker, super! Also, wenn ihr mal hier seid – ihr wisst jetzt Bescheid!

Danach ging es wieder ins Hostel und ans Planen, wieviel wovon wohin geschickt werden soll. Da nervt es ungemein, wenn sich im Raum lautstark unterhalten wird. Ich hoffe nun, dass ich nichts verkehrt gemacht habe! Erst mal einkaufen, dann Pakete packen und ab zur Post! Falsch! Erst mal auf die Post, um Faltkartons und Klebeband zu haben! Dann das andere.

Das erste Paket, das ich wegbringen musste, musste aber zu FedEx! Die Post hat nämlich länger auf! Im Shelter Cove Resort wird keine normale Post angenommen bzw. wird von dieser nicht beliefert. Ein Blick auf die App verrät mir, dass ich in 7 Minuten dort sein werde. Nur leider habe ich bei Google Maps nicht richtig hingeschaut. Die Strecke war fürs Auto berechnet! Da merkt man erstmal, wie groß Kleinstädte sein können! Ich bin eine Dreiviertelstunde dorthin zu Fuß unterwegs gewesen! Wenn man da kein Auto hat…! Im Office habe ich mich ganz nett mit der Dame von der Paketannahme unterhalten. Ja, heute waren schon mehrere Hiker da. Das Paket soll zum Shelter Cove Resort? Genau! Was ist meine Wohnanschrift zur Zeit? Und als ich meinen Nachnamen für den Computer buchstabierte, erklärte sie mir, dass sie ihn so noch nicht gesehen habe. ??? Wie auch? Hey, wir sind in Amerika! Die meisten Leute schreiben den Namen bei uns zuhause sowieso falsch! Ja, sie komme aus Nord Dakota und ihr damaliger Nachbar – ein Herr Erhardt - schrieb sich ohne dem „h" nach dem „E"! „Dt" am Ende hatte er auch! Dinge gibts!

Auf dem Rückweg fiel mir auf, dass ich mich doch bei meiner Paketplanung irgendwie verrechnet hatte! Also nochmals einkaufen und auf der Post ein neues, größeres Paket holen. Alles eingepackt und auf die richtige Post gebracht. Da fielen einem fast die Arme ab! Wie gesagt, schlecht, wenn man kein Auto hat! Zur Belohnung habe ich mir dann in der Innenstadt einen Mangomilchshake gegönnt. Lecker!
Dann ging es wieder ins Hostel, wo ich den neuen Rucksack packte. Obwohl er das gleiche Fassungsvermögen wie der vorige haben soll, muss ich anders packen. An Stellen, an denen ich vorher mehr Stauraum hatte, fehlt er jetzt. Dafür habe ich an Stellen, die ich eigentlich nicht befüllen müsste, mehr Platz. Es wird schon irgendwie werden! Auf jeden Fall lässt er sich schon jetzt irgendwie viel angenehmer tragen. Es ist jetzt ein anderes Modell. Ich habe von Gregory auf Osprey gewechselt, da ich das Vertauen in die Marke Gregory nicht mehr habe. Der Stresstest beginnt morgen!

Habe ich eigentlich schon erwähnt, dass ich hier in Ashland einfach so auf der Straße schnelles Internet habe? Da kann ich gleich mal mit daheim Videofonieren. Schön, wenn man seine Lieben mal wieder von „elektrischem" Angesicht zu Angesicht sehen kann.

Zum Abendessen gönne ich mir eine Pizza bei den Growler Boys. Wer weiß, wann ich das nächste Mal wieder auf Ramen verzichten kann? Aber es fällt schwer, aus 60 (!) Sorten Bier auszuwählen!

Morgen hat mich der Trail wieder und wer weiß, wann ich wieder Netz habe?

Green Springs Summit- Mile 1736

17. Juli 2022

Da habe ich doch gestern glatt vergessen, was ich für Getränke im Supermarktregal gesehen habe! Hier geht es ja fast so zu, wie daheim im Getränkemarkt!

So, aber nun zum heutigen Tag. Ich habe eine sehr, sehr unruhige Nacht gehabt. Irgendwas hat mit dem Abendessen oder den Getränken nicht gestimmt! Ich hatte noch bis in den frühen Nachmittag hinein Probleme! Mist! Sowas braucht kein Mensch!

Dadurch bin ich auch später als geplant zum Frühstück gekommen. Aber dafür hat der Hitch aus Ashland raus ganz schnell geklappt. Gleich das zweite Auto hielt an und nahm mich und einen anderen Hiker mit.

Um 9 Uhr ging es vom Trailhead wieder los. Aber leider nicht weit. Dann ging es erst mal wieder in die Büsche. „Pferde suchen" heißt das in der Mongolei.

Heute viel Wald und Wiesen mit allen Vor,- aber leider auch Nachteilen. Hier sind auf dem Berg 28 Grad und es ist kein Wölkchen am Himmel, das etwas Abkühlung verspricht.

Erst einmal ging es hinauf zum Pilot Rock, der schon bei meinem „Anflug" auf Ashland zu sehen war und ein wenig aussieht, als habe man ihn aus dem Monument Valley geholt. Aber nein, beim genauen Hinschauen sieht man, er ist aus Basalt und nicht wie die Berge im Monument Valley aus Sandstein!

Pilot Rock

Und dann ging der Weg weiter zu einem grandiosen Aussichtspunkt!

Es war nun wirklich das letzte Mal, dass der Mt. Shasta zu sehen war. Er zeigte sich noch einmal in seiner vollen Schönheit! Nun liegt er aber hinter mir, denn der letzte große

Schlenker (siehe Landkarte bei PCTA.org) ist getan. Nun geht es nur noch ziemlich geradeaus Richtung Norden.

Heute kam ich an etwas ganz, ganz Seltenem vorbei. Eine öffentliche Toilette! Und das mitten in der Pampa! Davon muss man doch gleich einmal Gebrauch machen!

Kurz vor dem Ende meines heutigen Abschnittes, musste ich eine Straße überqueren und hatte plötzlich volles Internet. Es klingelte unablässig in meiner Hose beim Eintreffen der vielen E-Mails an mich. Dann, auf der anderen Straßenseite, war wieder Ruhe. Ich beschloss, hier am Rande eines Highways meinen heutigen Wandertag gegen 18 Uhr zu beenden. Ich konnte und wollte auch nicht mehr! Die nächste Tentsite ist erst in 7 Meilen! Also habe ich mein Zelt einfach mal so hingestellt, auch wenn das eigentlich nicht erlaubt ist. Wird schon nichts passieren! Ich fing an, meinen Blog wieder zu aktualisieren und wollte alles losschicken. Nichts! Gar nichts ging! Wie das jetzt? Auf der Straße ging es doch! Also hinauf und an die Straße und „Hast du nicht gesehen?!" war mein Tagesbericht fort. Kaum zu glauben, dass man den Bereich, in dem Internet zu empfangen ist, so eng eingrenzen kann.

Klum Landing Camp – Mile 1750

18. Juli 2022

Leute, war das eine Nacht! So gut habe ich schon lange nicht mehr geschlafen! Entweder lag es daran, dass ich so kaputt war, oder ich habe nun auch schon diese PCT-Krankheit? Es soll ja Leute geben, die nach Absolvieren des Trails nicht mehr in ihrem Bett zuhause schlafen können. Manche liegen auf ihrer Matratze im Flur und verbringen die Nacht dort. Manche bauen sogar ihr Zelt im Garten auf! Na, ich bin gespannt, wie das bei mir endet!

Heute Morgen ging es erst mal durch ein Dickicht. Keine Ahnung, was das für Pflanzen sind. Die sehen aus, wie Brom- oder Himbeeren, sind aber irgendwie im Wuchs viel sanfter und haben vor allem keine Dornen! Da kann man hemmungslos durch!

Finde den Weg!

Apropos, Augen zu und durch! Ich bin meinem Hikeroutfit mit Basecap und Sonnenbrille schon ein paarmal dankbar gewesen! Es hat mich mehrfach vor Verletzungen im Gesicht oder gar Auge durch irgendwelche Zweige geschützt!

Heute Morgen war es wieder ein wenig frisch. Das Überzelt (Auf Traildeutsch – Rainfly) war auch von unten vom Kondenswasser ganz nass. Glücklicherweise muss man ja mit den neuen Materialien nicht mehr warten, bis alles trocken ist! Man packt einfach ein und los gehts! Und wenn man mal Zeit hat, wird es ausgepackt, in die Sonne gelegt und hast du nicht gesehen, ist es trocken. Man glaubt aber nicht, wie man es aber beim Rucksackgewicht spürt, wenn es doch noch nass ist!

Mt. Ashland

So richtig Spektakuläres gibt es vom heutigen Tag nicht zu berichten, außer, dass ich mit meiner Familie in Internetkonferenz stand. Dazu bin ich 2 Meilen vom Trail runter. Ich gebe es zu, eigentlich wollte ich in erster Linie was Gescheites, oder nennen wir es besser, etwas anderes als Ramen, essen.

Hyatt Lake Resort

Hyatt Lake Resort! Das klingt erst mal groß und teuer! Hat aber überhaupt nichts mit der großen Hotelkette zu tun. Der See bzw. das, was von ihm noch da ist, ist der Hyatt Lake. Wie im richtigen Leben kommt es nur auf die Betonung an!

Dadurch, dass ich hier WLAN hatte, konnte ich nach Hause videofonieren. Netz hatte ich keines. Es war herrlich, sie mal wieder zu sehen und einfach nur mit ihnen zu reden!

Durch unseren Schwatz und das ausgiebige Essen mit Cola-Genuss (3 Refills) ist es dann doch etwas später geworden als geplant. Aber so richtig böse war ich nicht drum. Es ging gut los, aber beim Taleingehen spürte ich doch mein linkes Knie unangenehm. Wahrscheinlich muss ich doch mal einen richtigen Zero einlegen? Nur essen, trinken, atmen, damit sich die alten Knochen auch mal erholen können. Bisher bin ich in den Zeros auch nur rumgeflitzt und habe Einkäufe erledigt. Na, mal sehen.

Jedenfalls bin ich nach der Pause noch etwa 7 Meilen zu einem recht angenehmen Zeltplatz an einem See gelaufen. Toiletten, Duschen mit heißem Wasser und Mülltonnen, alles da, außer Mücken! Kostenpunkt – Zero! Wenn das nichts ist!

Nein, es ist auch aus einem anderen Grund gut so, denn die nächste sichere Wasserstelle ist weit, und so kann ich noch mal auftanken.

Weil wir gerade vom Auftanken reden…

Pabst Blue Ribbon

Lieber Uwe, ich habe durchaus des Öfteren schon an dich gedacht. Nicht wegen dem Bier! (Kein gutes Deutsch!) Ich erinnere mich noch gut an ein Bild von dir in unserer Diarunde. Die Bridge of the Gods an der Grenze zu Washington. Dort möchte ich liebend gerne auch eines machen, denn genau darüber verläuft der PCT. Aber bis dahin ist es noch ein ganzes Stück Weg!

Fish Lake Resort – Mile 1773

19. Juli 2022

Heute war ein komischer Tag! Das ging schon damit los, dass die halbe Campsite früh um 4 Uhr geweckt wurde, weil zwei Herren im Schein ihrer Stirnlampen ihre Zelte zusammenpackten! Ihr dürft dreimal raten, wer diese Herren waren. Genau! Flipper und Wardow! Ich bin doch irgendwie froh, nicht mit ihnen zusammen in einer Tramily (Trail Family) zu sein! Diese nächtliche Ruhestörung hat dann vielleicht auch dazu geführt, dass ich heute erst halb 8 Uhr munter geworden bin. Aber vielleicht muss ich auch mal länger schlafen? Na, jedenfalls bin ich nach Frühstücken und Zusammenpacken erst halb 9 Uhr losgekommen. Ich war da natürlich der letzte Mann auf dem Platz! Normalerweise habe ich da schon 4 Meilen abgearbeitet!

Auch heute ging es erst mal wieder nur bergauf. Nicht steil, aber stetig! Und die üblichen Hindernisse gab es auch zuhauf!

Offensichtlich war die ewige Kletterei mit schwerem Rucksack über Baumstämme und der Tage vorher misslungene Absprung von einem solchen nun doch zu viel für mein linkes Knie. Danach ging es nicht mehr wirklich gut mit dem Laufen. Ich sage es euch - Nur nicht alt werden!

Jedenfalls habe ich mich noch bis an einen Highway bewegt, von wo aus ich dann in ein relativ nahe gelegenes Resort hitchen wollte. Ich hatte Glück, denn auf dem Parkplatz am Highway wollte gerade ein Ehepaar, mit dem ich mich auf dem Trail schon kurz unterhalten hatte, in ihr großes Auto einsteigen. Ich sprach sie einfach an, und siehe da, dieses Resort war genau ihre Unterkunft, in die sie zurück wollten. Ich durfte einsteigen und sie nahmen mich mit.

Lake oft he Woods Resort

Das Lake of the Woods Resort ist an einem wunderschönen See gelegen und proppenvoll! Keine Chance auf eine Unterkunft! Nicht in der Lodge, kein Bungalow, kein Platz auf dem Campground! Nirgends! Und nun?

Naja, wenigstens gut essen und trinken konnte man. Und im General Store, wo es allen Schnulli gibt, habe ich mir das erste Mal in meinem Leben Schmerztabletten gekauft. Die amerikanischen Hiker schlucken die in Massen! Überhaupt, was die an Pillen schlucken! Das sind sicherlich nicht nur Nahrungsergänzungsmittel! Das ist wahrscheinlich die Haupternährung. Ich persönlich habe meine blutdrucksenkenden Tabletten, die irgendwie feucht geworden waren, schon beizeiten entsorgt. Tja, auch eine gewichtsreduzierende Maßnahme. Und was soll ich sagen? Ohne die Dinger geht es mir richtig gut!

Also habe ich meinen Rucksack wiederaufgehuckt, bin an den Highway zurück und habe wiederum Glück gehabt! Eine Angestellte vom Resortrestaurant hat mich einsteigen lassen (Ich stand keine 3 Minuten am Straßenrand!) und hat mich über den PCT Trailhead hinaus in ein anderes Resort gefahren. Danke, liebe Ursula!

Fish Lake Resort

Das Fish Lake Resort ist ein ganz, ganz kleines. Ohne jeden Schnickschnack. Jedenfalls konnte ich hier problemlos einen kleinen Bungalow mieten mit der Option, auch weitere Nächte noch darin zu wohnen. Vielleicht sollte ich doch auf meine daheim gebliebenen Frauen hören und mal Ruhe halten?!

Eines habe ich schon herausgefunden. Die Burger sind vorzüglich und riesengroß!

Halber BBQ-Burger

Im Restaurant habe ich nur einen halben Burger geschafft! Kein Wunder bei der Größe! Den Rest gibts später.

Kurz vor Crater Lake – Mile 1813

22. Juli 2022

Dienstag. Ich habe auf meine Frauen gehört! Ich habe mir einen Tag vom Trail frei genommen. Komisch, obwohl ich den ganzen Tag nichts gemacht habe, war mir nicht langweilig. Ich habe wieder bis halb 8 Uhr geschlafen und war dennoch der Erste, der im Bungalowdorf munter war. Ich bin dann erst mal runter zum Strand und habe einfach auf den See geschaut und die Ruhe genossen. Frühstück gab es erst um 9 Uhr. Eher wurde der Laden nicht geöffnet. Es gab nichts Besonderes. French Toasts mit viel Ahornsirup und Kakao. Ich habe mir dann irgendwie die Zeit vertrieben, bis gegen halb 11 Uhr die ersten

Hiker kamen. Einige von ihnen hatte ich schon vorher auf dem Trail getroffen. Alles klar, da setzt man sich gemütlich gemeinsam an den gleichen Picknicktisch und unterhält sich. Jedenfalls machen das die netten so!

Dr. Cola, Stitches, Mady, Space Metal und Slinger (von links nach rechts)

Ehrlich gesagt, haben wir den ganzen Nachmittag und frühen Abend miteinander verbracht und uns über alles Mögliche unterhalten. Nachdem kurz vor 19 Uhr endlich das UPS-Auto kam und sie ihre Pakete abholen konnten, gingen sie zurück zum Trail und ich in meine Hütte. Es war das erster Mal, dass ich mehrmals hintereinander halbwegs gescheites Essen hatte. Entsprechend satt war ich auch. Nur beim letzten Bezahlen an der Essensausgabe ging mal wieder eine Kreditkarte nicht! Da schiebt man gleich wieder Panik! Ich kam dann doch relativ schnell dahinter, dass die DKB Bank meinen Kreditrahmen noch nicht, obwohl versprochen, erhöht hat. Tja, und ich war mit 6 Euro am Limit. Der Burger kostete aber 12! Also musste ich die andere Karte zücken und alles war gut. Morgen wird das Konto bei der DKB wieder ausgeglichen und dann sollte auch die Karte wieder einsatzfähig sein!

Mittwoch. Heute Morgen hat der Wecker mal schon um 5 Uhr geklingelt. Meinem Knie geht es wieder deutlich besser und mein Weg sollte der weiteste sein! Während im Camp noch alles schlief, bin ich schon los. Also erst mal 1,5 Meilen bis hinauf zum Trail und dann natürlich 6 Meilen bergauf durch den Wald. Das ging aber recht gut, da es nicht allzu steil bergan ging, es noch kühl am Morgen und ich ausgeruht war. Somit habe ich dann auch schon bald die ersten Hiker aus der Picknicktischrunde vom Vortag eingeholt, und wir sind dann mehr oder weniger zusammen den ganzen Tag hindurch marschiert. Heute war es - weiß Gott - ein grüner Tunnel. Die wenigen Aussichten habe ich hier im Foto festgehalten.

Mal sehen, wie es morgen weitergeht?! Vielleicht gibt es wieder mal einen Milemarker? Was es heute in Hülle und Fülle gab, waren Mücken! Da braucht man nicht zur Blutspende!

Donnerstag. Der Tag war eine einzige Herausforderung! Das ging schon früh am Morgen los. Da ich letzte Nacht kein Überzelt montiert hatte, konnte ich die Bescherung gleich nach dem Öffnen der Augen sehen. Der Himmel war schwarz! Ich meine den Zelthimmel! Alles voller Mücken, die nur darauf warteten, endlich mit ihrem Tagwerk beginnen zu können. Gut, dass alle Dinge im Zelt waren und im selbigen nun eingepackt werden mussten. Und obwohl es nicht kalt war, zog ich freiwillig die dicke Jacke und Handschuhe an! Und zum Schluss kam noch der Schleier!

Sie dürfen die Braut NICHT küssen!

Ja, und in dieser Mückenwelt bewegte ich mich den ganzen Vormittag und frühen Nachmittag. Wanderbeschreibung des Vormittags: Gerölllauf, über Baumstämme klettern, Gerölllauf, um Baumstämme herum klettern. Und dann das Ganze wieder von vorn! Und das Meiste bergauf! Das ist aber immer noch besser für mein Knie als bergab.

Und bergauf hat auch noch andere Vorteile! Ab und zu hat man da nämlich auch einen herrlichen Ausblick. So wie heute. Erst einmal ging es hoch auf den Teufelsberg...

Devil's Peak

... und dann gab es wieder einen beeindruckenden Berg zu sehen. Mt. McLaughlin. Beim Abstieg ging es erstaunlicherweise mal wieder über ein paar Schneefelder. War aber nicht wirklich schlimm.

2 der gestern getroffenen Hiker habe ich immer wieder getroffen. Space Metal (das Mädel aus Virginia) und Stitches (der Mann aus Karlsruhe) bin ich immer wieder begegnet.
Die beiden sind Section Hiker, machen den PCT also abschnittsweise.
Jedenfalls haben wir beschlossen, dass wir uns immer auf einen bestimmten Ort zu Mittag und zur Übernachtung verabreden.
Ach ja, das ist schon ganz schön, wenn man sich doch ab und zu etwas unterhalten kann.
Immer nur Hörbuch vom Handy hören ist eben doch was anderes.

Mt. McLaughlin

Als wir gestern an seinem Fuß vorbeimarschiert sind, standen wir im dichten Wald. Schaut euch mal das Bild weiter oben an!

Die Mittagspause wurde heute vorverlegt. Kurz nach 11 Uhr kamen wir – ich bin jetzt in einer Gruppe mit Stitches und Space Metal – an der letzten sicheren Wasserstelle für die nächsten 25 Meilen an. Ich habe gleich mal was zum Essen gekocht. Da brauche ich das Wasser für die Kocherei am Abend nicht mitnehmen. Das Wasser muss außerdem auch noch für den morgigen Vormittag reichen! Aus diesem Grund hat jeder von uns etwa 4 bis 5 Liter Wasser eingepackt. Es war das letzte Mal in der Wüste, dass ich so viel Wasser geschleppt habe. Leider ist der Norden ganz schön trocken. Das liegt vielleicht auch an den vielen abgebrannten Flächen, dass sich das Wasser nicht so lange hält?! Ja, und durch solche Flächen ging es dann den ganzen Nachmittag. Einen Milemarker gab es leider nicht. Schade! Wo jetzt doch die 1800 Meilen geschafft sind!

Morgen Vormittag noch 10 Meilen und wir sind mal wieder in Town. Wobei, Town ist falsch! Mazama Village. Und selbst das ist mehr als übertrieben! Es ist nur ein großer Zeltplatz mit einem kleinen Hotel nebst Restaurant, Store (in dem es nicht viel gibt) mit

Paketausgabe und einer Ranger Station. Ich freue mich schon auf Dusche, Eis und angenehme Getränke und hoffe, dass mein Essenspaket angekommen ist.

Crater Lake – Mile 1823

23. Juli 2022

Auf dem kurzen Hike bis Mazama Village gab es dann auch nichts Besonderes zu sehen außer dem Union Peak.

Union Peak

In Mazama Village habe ich als Allererstes im Store nach meinem Paket gefragt und konnte es auch glücklicherweise mitnehmen, das heißt, wenn man sich ordentlich ausweisen kann. Leider klappt das mit dem Paket nicht immer so. Manchmal muss man, obwohl man es einige Tage vorher losgeschickt hat, noch darauf warten, und manchmal kommt es auch überhaupt nicht an. Da steht man dann elend auf dem Schlauch!

Ich kaufte natürlich wieder Getränke mit Kohlensäure und Geschmack. Immer nur Wasser aus dem Bach wird einfach mit der Zeit fad. Ich kann sowieso die Leute nicht verstehen, die für viel Geld stilles Wasser kaufen und dann auch noch den Geschmack (Wo ist der eigentlich?) loben. Außerdem habe ich eine Familienpackung crushed ice gekauft, um mein dickes Knie zu kühlen. Das habe ich den ganzen Nachmittag und Abend getan. Außerdem saßen wir Hiker wieder beieinander und haben Bier getrunken. Jeder war einmal dran, Bier auszugeben. Da mir der Weg zum Store mit dem lädierten Knie zu weit war, habe ich Haribo Goldbären – meine eiserne Reserve – ausgegeben. Natürlich fanden die Bären auch ihre Abnehmer.

Heute Morgen sind wir mit einem Trolleybus, der für PCT Hiker kostenlos ist, hoch zum Kraterrand gefahren. Dort habe ich erst mal wieder Rotz und Wasser geheult, weil es dort am Crater Lake so wunderschön ist!

Und dann sind wir dort oben in die Lodge zum Frühstück eingerückt. Ich sage nur, all you can eat! Wer da nicht satt wird, ist selber schuld. Wobei, ich glaube, wir Hiker haben schon dafür gesorgt, dass nicht viele Lebensmittel weggeschmissen werden mussten. Auf´s Ende der Frühstückszeit hin war nicht mehr alles nachzuordern. Kann aber auch sein, dass das Küchenpersonal in Anbetracht der Hikerhungergefahr dann doch lieber die Bremse eingelegt hat.

Mal sehen, wie es sich nach dem ausgiebigen Frühstück laufen lässt. Meinem Knie geht es auf jeden Fall wieder besser. Mal sehen wie lange?

Chemult – off trail

24. Juli 2022

Oops, was ist hier los?, werdet ihr euch fragen! Kommt gleich! Aber erst einmal noch etwas zum heutigen Vormittag.

Alles ging gut los. Das Knie hielt nach der gestrigen Kühlaktion still. Nur das Zelt war von innen vom Kondenswasser wieder ganz nass. Es war heute Morgen wieder ganz schön frisch, so dass man seine Atemluft sehen konnte. Da das Zelt im Wald auch wind- und sonnengeschützt stand, konnte es auch nicht trocken bleiben bzw. werden. Macht nichts! Zum Zelttrocknen gibt es ja glücklicherweise Parkplätze.

Mazama Village Store

Hier am Store haben wir alle auf den kostenlosen Trolley gewartet, im WiFi nochmals die Emails gecheckt, die FarOut App aktualisiert und die Handys geladen. Mein Gott, wie konnten wir nur früher ohne Internet überhaupt existieren?! Ja, aber es ist schon sehr hilfreich, wenn man aktuelle Nachrichten erhält, ob in der App verzeichnete Wasserstellen überhaupt noch Wasser führen.

Naja, jedenfalls tauchte dort am Parkplatz auch ein Typ auf, der aus Schlangenluftballons irgendwelche Tiere modellierte. Weil ich nun gestern Abend Haribo Goldbären in der Runde spendiert hatte, bekam ich einen solchen gemacht. Der wurde auch gleich am Rucksack befestigt und sollte heute das Maskottchen sein.

Glück gebracht hat er allerdings nicht. Nach dem ausgiebigen Frühstück oben am Crater Lake ging es dann den Rim Trail (quasi den Kraterrand) entlang. Der See befindet sich nämlich im Schlot eines Vulkans ebenso wie die kleine Insel in ihm. Und auch diese ist ein kleiner Vulkan. Der See selbst ist 592 Meter tief und damit der tiefste See der USA. Und weil er so wunderschön ist, gibt's gleich nochmal ein paar Bilder.

Crater Lake

Nun weiter! Ich dachte, es geht auf dem Rim einfach schön gerade hin, so, wie ich es von den Azoren her kenne. Aber nein! Es ging immer wieder heftig steil bergauf und bergab. Und das war Gift für mein Knie! Um diese starke Beanspruchung zu vermeiden, bin ich freiwillig etwa 3 Meilen auf einer Asphaltstraße in der vollen Mittagshitze gelaufen. An einem Aussichtspunkt kam ich dann wieder auf den Trail und von dort ging es wieder ab in die Pampa. Hier traf ich wieder auf ein Mückeninferno. Das war dann natürlich auch alles Andere als motivierend!

Nach 12 Meilen habe ich dann beschlossen, den Trail zu verlassen und dem Knie mal wieder etwas Ruhe zu gönnen. Gut, wenn man ein Handy mit den entsprechenden Offline-Karten hat. Dann bekommt man auch heraus, wo es langgeht. Erst hat mich ein Ranger ein Stück mitgenommen und dann ein ehemaliger Hiker.

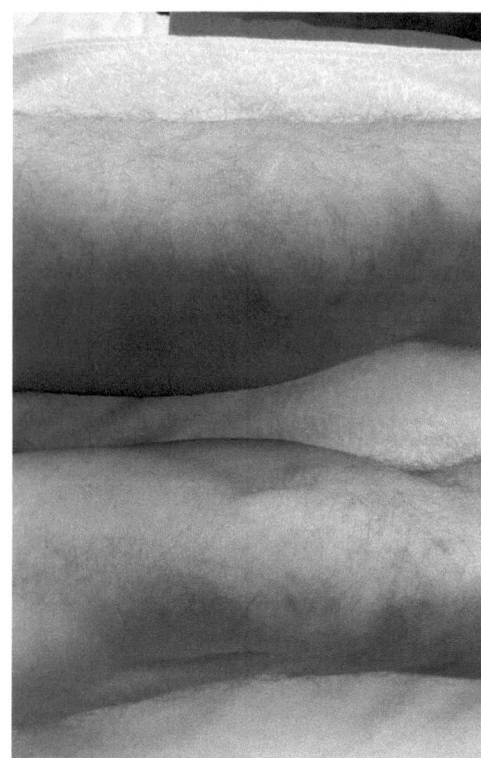 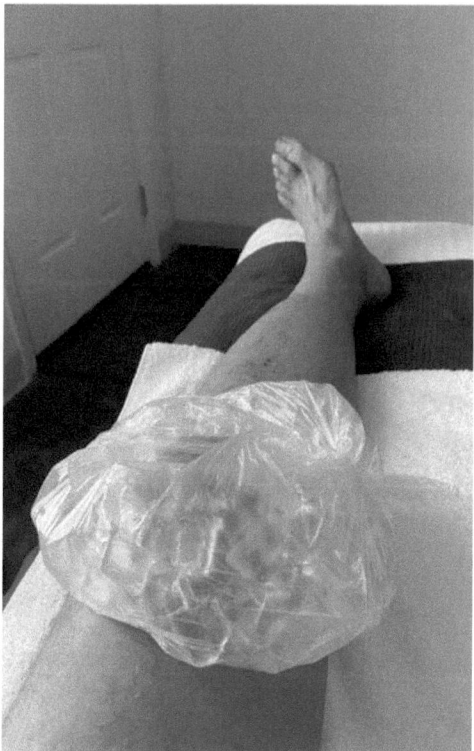

Nun liege ich erst mal in einem Motel in einer 10-Häuser-Stadt und kühle mein dickes Knie. Mann, das muss doch wieder werden!!! Ich will doch hoch nach Kanada! Was ich nicht will, ist, hier zu einem Doktor gehen! Das wird einfach nur mehr als teuer!

Chemult- die Stadt

25. Juli 2022

Erstaunlicherweise habe ich heute Nacht ausnehmend gut geschlafen, was ja in einem richtigen Bett im Moment irgendwie nicht geklappt hat. Wann liege ich auch schon mal in einem richtigen Bett? Gestern Abend humpelte ich noch in ein „Restaurant" in der Stadt zum Essen.

Klingt ja schon mal gut und macht von außen einen ganz passablen Eindruck, von innen eher naja!

Natürlich waren Burger wieder im Angebot. Ich habe mir aber Fish and Chips und einen Milchshake bestellt.
Was dann kam, war eine mittlere Katastrophe! Die Pommes nahezu verbrannt, ebenso der Toast. Wozu eigentlich Toast, wenn es schon Pommes gibt? Die panierten, nennen wir es mal Fischstücke in Panade, trieften vor Fett. Und der Milchshake war eigentlich auch kein Milchshake! Einfach nur kalter, dünner Matsch mit Schlagsahne. Die kam fertig aus der Dose. Keine Chance, die auch noch zu verschlechtern! Ich hab's trotzdem gegessen und überlebt. Eine Alternative gab es ja gestern Abend nicht!

Eagle Crater Lake Inn

Das ist das Motel, in dem ich für die nächsten Tage untergekommen bin. Die Chefin hat mir Rabatt gegeben, da ich ein paar Tage hierbleiben will und außerdem kein Wochenende ist. Wobei es dennoch ziemlich teuer für unsere Verhältnisse ist.

Aber amerikanisches Frühstück und alkoholfreie Getränke vom Automaten sind inklusive! Und ich darf mir Eiswürfel holen, soviele ich brauche. Davon habe ich natürlich gestern Abend und auch heute Vormittag regen Gebrauch gemacht.

Gegen Mittag bin ich mal los zu einer „Stadt"-besichtigung. Wie schon gesagt, vielleicht 10 wirkliche Häuser, die in keinem guten Zustand sind, zwei Tankstellen, zwei Motels, ein Minimarkt und eine Kirche. Ach ja, Post und Bahnstation gibt es auch noch!

Insgesamt macht der Ort aber einen ziemlich heruntergekommenen Eindruck. Viele Häuser sind nicht mehr bewohnt bzw. stark reparaturbedürftig. Einkaufen ist auch etwas speziell. Man kann an der Tankstelle besser einkaufen als im Store des Ortes.

„Stadtzentrum" bzw. die „Stadt" Chemult

Und dann gibt es noch einen Taco-Trailer. Und da gibt es für wenig Geld richtig gutes Essen! Da ich bei den mexikanischen Essereien immer nicht weiß, was das ist (Ausnahme Burrito und Taco), habe ich einfach mal so getan, als wüsste ich Bescheid und habe Fajitas bestellt. Und was dann kam, war einfach nur oberlecker! Da spielt es auch keine Rolle, dass man gleich neben dem Highway auf einer Picknickbank unter einem Partyzelt sitzt.

Taco-Trailer

Ich habe mein Lieblingsrestaurant in Chemult gefunden! So, jetzt wird wieder fleißig gekühlt!

Shelter Cove Resort – Mile 1920

30. Juli 2022

Ich war wieder unterwegs. Mein Knie funktionierte wieder so halbwegs, und ich will ja vorwärts kommen. Am Anfang ging es auch richtig gut los und die Aussichten in die Weiten Amerikas waren auch recht schön.

Mt. Thielsen

Dann ging es aber wieder ab in den grünen Tunnel! Und der war wieder gefüllt mit Milliarden kleiner Tiere! Oregon soll ja der Staat der 3 B-s sein. Bears (Bären), beavers (Bieber) und birds (Vögel). Ich würde sagen, da könnte noch ein viertes B dazukommen. Bugs (Mücken)! Das würde aber wahrscheinlich die Touristen eher vertreiben als anziehen!

Das geht schon am frühen Morgen los. Anziehen und Frühstücken im Zelt unter der Gaze ist ja noch okay, auch wenn es umständlich, weil eng, ist.. Aber spätestens zum Zähneputzen muss man raus. Und das geschieht dann unter dem Moskitonetz. Peinlich, wenn man da kleckert! Das sehen alle. Mal schnell das Netz waschen geht nicht. Erstens muss man mit dem Wasser sehr sparsam umgehen, und dann ist da ja auch die Mückengefahr.

Zähneputzen

Der letzte Abschnitt war wirklich langweilig! Von den in der Nähe befindlichen Bergen sieht man nur ab und zu einmal eine kleine Spitze zwischen den Bäumen.

So bin ich weiter und weiter und auch am Shelter Cove Resort vorbei, denn vom Trail dorthin sind es 2 Meilen, die ich mir ersparen wollte. Ich bin da lieber noch 10 Meilen weiter gelaufen bis zum Frog Lake, wo ich die Nacht verbringen wollte. Dass daraus dann 2 Nächte werden sollten, war nicht geplant.

Vor einer Übernachtung am Frog Lake wurde bei FarOut gewarnt. Zu viele Mücken! Als ich am frühen Nachmittag ankomme, ist davon keine Spur. Also Zelt aufgestellt, kurzes Bad im See genommen – Mei, tut des guat! – und dann ein kurzes Nickerchen gemacht. Als ich danach mal kurz raus will bzw. muss, traue ich meinen Augen nicht. Das ganze Zelt ist kohlrabenschwarz! Nicht etwa schmutzig. Nein! Alles voller Mücken! Also ganz schnell wieder ins Zelt, in der Hoffnung nicht nochmal raus zu müssen.

Sonnenaufgang am Frog Lake

Tja, und dann kam der nächste Tag. Das Knie fängt wieder an! War wahrscheinlich doch ein wenig zu viel, was ich wieder gelaufen bin. Lieber noch einen Tag hier vertrödeln und dann weitersehen. Da ich aber nun, wenn ich hier noch einen Tag verbringe, nicht genug zu essen habe, muss ich schweren Herzens umkehren und doch ins Resort gehen. Das hat den

Charme, dass ich mein Essenspaket nun doch dort abholen und verbrauchen kann. Somit Geld gespart.

Shelter Cove Resort

Es war vielleicht ganz gut so, denn ansonsten hätte ich einen schönen Spot verpasst. Schön war außerdem, dass sich hier wieder viele Hiker treffen und man mal wieder ausgiebig erzählen kann, soweit es die Englischkenntnisse zulassen. Und man trifft den einen oder anderen wieder, den man mal hinter sich gelassen hatte bzw. mit denen man auch mal ein Stück des Trails zusammen gelaufen ist. Vom Essen wollen wir mal nicht reden! Extra für uns Hiker war am Seerand ein riesengroßer Pavillon mit Tischen und Bänken und Steckdosen (sehr wichtig!) aufgestellt. Auch fürs Zelten mussten wir nicht extra löhnen. Einfach ein herrliches Fleckchen Erde!
Und es gibt ein kleines – nennen wir es mal so – Restaurant mit Burgergrill.
Auch im Shop nebenan kann man sich gut mit kühlen Getränken und Naschereien eindecken.

nochmals Shelter Cove

31. Juli 2022

Als ich heute Morgen aufstand, ging es meinem Knie wieder deutlich besser. Vielleicht liegt es auch daran, dass ich mich mal am Tapen versucht habe?! Frisch getaped ist halb gewonnen!? Ein Hiker aus Serbien hatte Kinesiotape dabei und ich durfte es benutzen.

Aber irgendwie war es komisch. Es herrschte draußen ein seltsames Licht. Es war irgendwie nebelig, aber eben nicht richtig. Und irgendwie hat man auch das Gefühl, dass die Luft anders sei. Und dann bekommen wir es heraus, was Sache ist.

Smoke on the Water

Die Nachrichten, die wir vom PCTA über die App bekommen, klingen im Moment nicht richtig gut. Überall, wo ich schon war, brennt es. Yosemite, Mt. Shasta Region usw.

Ja, es war schon irgendwie seltsam, dass ich bis hierher gekommen bin und noch keinen aktiven Waldbrand erlebt habe. Es hat in diesem Jahr eben lange nichts gebrannt, dann aber auch gleich an mehreren Stellen zur gleichen Zeit! Heute kam dann auch die Nachricht, dass der Weg zwischen Crater Lake und Shelter Cove wegen Waldbrand gesperrt wurde. Glück gehabt! Gerade noch durchgekommen! Auf dem Foto oben scheint das auch kein Morgennebel, sondern Rauch zu sein. Welcher Musiktitel fällt uns dazu ein? Richtig! Smoke on the Water von Deep Purple.

Gestern Nachmittag und Abend hat es heftig gewittert und geregnet! Das war auch gleich mal ein Test für mein Zelt. Ich hatte ja schon berichtet, dass ich am Porcupine Lake Wasser im Zelt hatte. Es scheint doch dicht zu sein, und die Pfützen, die ich bei den schlimmen Regenfällen hatte, waren anscheinend dem extremen Wetter geschuldet.

Jetzt gibt es noch ein tolles Frühstück aus dem Store und dann geht es wieder los. Den ersten Teil des Weges kenne ich ja schon. Vielleicht lasse ich es auch sein, den Wegabschnitt nochmals zu laufen und hitche lieber sicherheitshalber vorwärts?! Mal sehen, wie die Stimmung in der Hiker Community ist.
Die wurde sehr schnell richtig gut, denn ein Camper kam zu uns HIkern an den Tisch und fragte, ob wir gebratene Würstchen wollen. Na und ob.
Also kam er mit seinem Barbecue und briet uns Würste und verwöhnte uns außerdem mit Kuchen, die seine Frau gebacken hatte.

Sisters – Mile 1983

2. August 2022

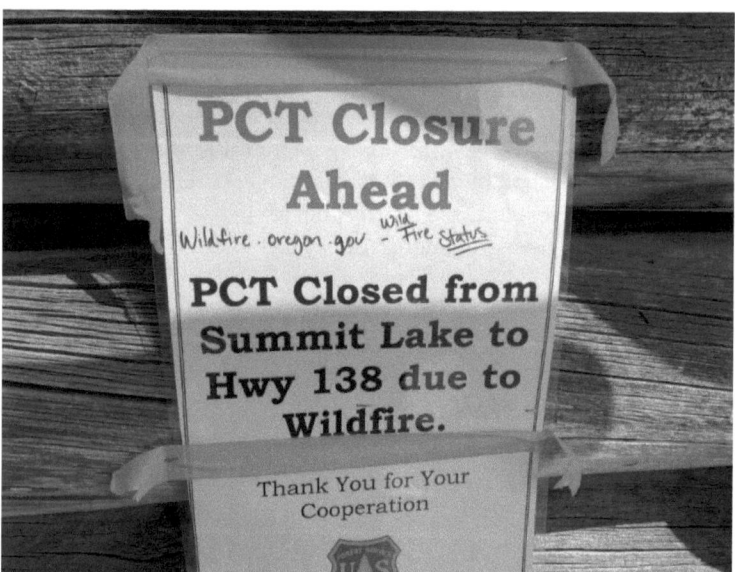

Wegen Waldbrand geschlossen!

Nun ist es also offiziell. Gestern am späten Vormittag kamen zwei Ranger, um uns mitzuteilen, dass der Trail (zum Glück hinter uns) wegen eines Waldbrands geschlossen wurde. Nun wird es hier eng, da doch viele Hiker hinter uns hierher skippen. Das bedeutet auch, dass die Strecke ab Dunsmuir bis hierher gesperrt wird. Ihr erinnert euch, da war ich vor etwa einem Monat! Da werden in den nächsten Tagen Massen eintreffen, und es weiß noch keiner, wie es mit dem Waldbrand weitergehen wird.

Ich habe übrigens den gestrigen Abend und den heutigen Vormittag zusammen mit einer jungen Frau (Day Hiker) aus Frankreich, die aber in Sonthofen lebt, und einem Herrn aus Dänemark (Marathon Man) zusammen verbracht. Wir haben zusammen viel erzählt, getrunken und Spaß gehabt. Wird aber nichts mit zusammen weitergehen. Die sind für mich viel zu schnell! Die machen etwa 30 Meilen pro Tag! Da kann ich mit meinen 20 Meilen nicht mithalten. Schade! Ist aber so! Na, jedenfalls stellte sich heraus, dass das Mädel Chiropraktiker ist. Ha-ja! Da habe ich natürlich nachgefragt, ob sie sich mal mein Knie anschauen könne, was sie auch tat. Dann wurde hier und da und dort herumgedrückt und gezogen und sofort wurde es besser! Ist schon ein bisschen verrückt?! Das aber nur nebenbei, wobei es für mich „kriegsentscheidend" sein kann, was das Knie macht! Auf jeden Fall soll ich erst mal Ruhe halten!

Gut, nun weiter im Thema! Der Rauch am See wurde immer stärker und man konnte ihn auch schon riechen! Eigentlich waren fast alle der gleichen Meinung... besser weg hier! Und so haben wir über einen Trailangel eine Fahrt nach Bend organisiert. Ich, wie auch die anderen beiden, wollten erst mal wieder zu REI. Bei meinem Trekkingstock ist die Spitze abgebrochen, und ich hatte gehofft, ihn dort reparieren lassen zu können. War aber leider nicht! Neue Stöcke kaufen? Ach nein! Einen Versuch habe ich noch in Sisters. Dort soll es auch einen Outfitter geben.
Und dann habe ich dort im REI Store doch noch Geld ausgegeben!

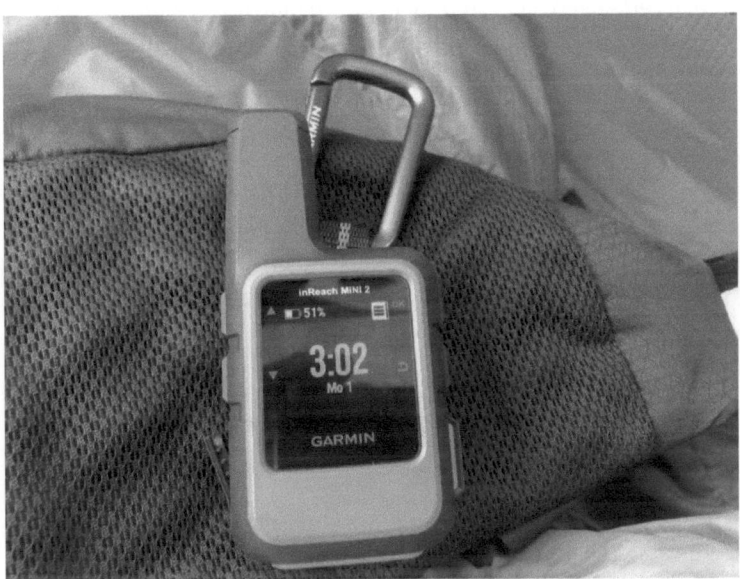

Garmin InReach Mini 2

Das kleine Kästel soll mich vor dem Schlimmsten bewahren! Sollte mein Knie doch draußen so spinnen, dass ich nicht mehr weiter kann, kann ich über SOS Hilfe rufen. Hoffentlich muss ich alter Schisser nicht davon Gebrauch machen müssen!

Nachdem wir alle eingekauft hatten, gingen wir noch in einer nahe gelegenen Brauerei in Bend Abendbrot essen. Dort bekamen wir von den Gästen am Nachbartisch jeder noch ein Bier spendiert, nachdem sie erfahren haben, dass wir auf dem PCT unterwegs sind, und sie unseren Berichten gelauscht hatten. Das war doch lieb, oder? Das würde in Deutschland sicherlich nicht passieren!

Na, jedenfalls trennen sich dann unsere Wege, da Day Hiker und Marathon Man schon eine Unterkunft in Bend organisiert hatten. Ich bin abends noch mit dem Trail Angel nach Sisters gefahren.

Das Licht war dann ein ganz seltsames! Das war sicherlich nicht nur der Gewitterstimmung, sondern auch dem Rauch geschuldet. Wenn man genau hinschaut, kann man die großen Berge der Gegend erkennen. Three Sisters, Mt. Washington, Mt. Jefferson usw.

Und was soll ich euch sagen, wen ich auf dem Zeltplatz getroffen habe?! Space Metal und Stitches! Und die glaubten, ihren Augen nicht zu trauen, als ich plötzlich ankam! Wir alle drei haben uns riesig gefreut, uns wieder zu begegnen! So haben wir noch gemeinsam den Abend verbracht, wobei ein völlig fremder Zeltnachbar noch ein Sixpack Bier auf unsere Reunion spendiert hat.

Campground in Sisters

Leider werden wir aber nicht weiter zusammen gehen, da Stitches schon am Freitag im Flieger nach Hause sitzen muss. Da ist dann sein Urlaub vorbei. Also sind sie heute Morgen beizeiten schon los. Ich habe erst mal ausführlich geduscht und Hygiene betrieben und bin dann in die Stadt zum Frühstück gegangen.

Die kleine Stadt Sisters macht einen sehr gemütlichen Eindruck, auch wenn sie etwas touristisch angehaucht ist. Und sie hat einen richtigen Bäcker! Und was es da zu kaufen und zu essen gibt.... einfach oberlecker! Zimtschnecken! Fast so gut wie zuhause oder in Skandinavien! (Da habe ich wieder mit dem wortwörtlichen Übersetzen Freude angerichtet, denn das Wort Cinnamon Snail gibt es im Englischen nicht!) Und dann habe ich noch ein Restaurant mit Himalaya-Essen entdeckt. Das werde ich heute Abend ausprobieren!

Nachdem ich es mir in der Bäckerei habe gutgehen lassen, bin ich zu einem kleinen Outfitter gegangen. Der hatte doch tatsächlich die richtigen Spitzen für meine Stöcke vorrätig! Aber leider wusste keiner, wie man die austauschen kann. WiFi vorhanden? Ja! Dann YouTube nachschauen und tatsächlich, da gibt es ein paar Videos, wie man das auf verschiedene Art und Weise bewerkstelligen kann. Und das habe ich dann auch gleich mal im Laden mit kochend heißem Wasser gemacht. Ich bin richtig happy und habe eine Menge Geld gespart! Zudem hat der Ladenbesitzer jedem PCT Hiker ein Bier spendiert. Nochmals Geld gespart, auch wenn es längst nicht so gut schmeckt wie daheim. Aber einem geschenkten Barsch schaut man nicht in die Kiemen!

Danach habe ich am anderen Stadtrand in einem Hotel mein hierher gesendetes Essenspaket abgeholt, das ich nun im Moment aber nicht brauche. Deshalb bin ich nach meinem „Mittagessen", einem riesigen Ananasmilkshake (Ich glaube hier in Sisters im Sno Cap Drive In gibt es die besten Milkshakes in der Welt!), zur Post gegangen, in der Hoffnung, dass ich es weiter bouncen (kostenlos an eine andere Adresse weitersenden) kann. Und Glück gehabt, es hat geklappt! Ob es daran lag, dass ich mehrere Transporte mit Langholz gesehen habe?

Postamt Sisters

Herrlich, diese alten Gebäude! Da kommt schon ein bissel Westernfeeling auf!

So, und nun werde ich auf meine Frauen und jetzt auch noch auf die Chiropraktikerin hören, und zumindest bis Donnerstag Ruhe halten. Eher geht sowieso nicht, da nördlich vom Santiam Pass der PCT nach Waldbrand im letzten Jahr noch nicht wieder freigegeben ist und die Trailangels voll ausgebucht sind. Ja, es gibt direkt eine Warteliste, in die ich mich schon am Shelter Cove Resort online eingetragen hatte. Am Donnerstag will ich dann im Laufe des Tages wieder raus und die 2000 Meilen vollmachen. Dazu muss ich erst zum Trailhead am Santiam Pass, dann eine Meile vom Pass aus zurück auf dem Trail (Leute, ich könnte schon jetzt wieder heulen vor Glück!), und wieder zurück zum Pass, damit mich dann am Freitag der gebuchte Trailangel mit nach Gouvernants Camp einladen kann.

Ja, ich verbrachte wieder ein paar Tage auf einem Zeltplatz, da es meinem Knie wiederum nicht gut geht. Ich will ihm noch eine Chance geben und bestelle unter Mithilfe der Campgroundbesitzer bei Amazon eine Kniebandage. Dazu musste deren Adresse und Kreditkarte herhalten, die ich dann cash ausgleichen konnte. Bauerfeind war leider nicht, denn die hätte erst am Freitag geliefert werden können. Ich wollte aber ja schon am Donnerstag Sisters verlassen. Also, was Amerikanisches mit guter Bewertung bestellt, das am Donnerstag kommen sollte und was es auch tat.

Ja, und mit der Kniebandage ging das Laufen auch wirklich wieder besser. Meine Erleichterung war groß.

Alles wird anders als geplant!

5. August 2022

Ja, das Leben ist Veränderung, und Pläne sind nur dazu da, abgeändert zu werden. Das sagt jedenfalls mein Freund Paulus aus Indien. Wieso das denn jetzt?

Nun, den Trailangel, der mich am Freitag nach Government Camp fahren wollte, habe ich hier in Sisters auf dem Campground schon getroffen, und wir haben uns beim Abendessen im Nepalrestaurant auch sehr nett und ausführlich unterhalten. Ich habe ihm erklärt, dass ich am Donnerstag (also heute), wenn ich meine Kniebandage erhalten habe, raus an den Trail hitchen, zum 2000 Mile Marker laufen und die Nacht am Trailhead verbringen wolle. Er hätte mich dann am Freitag früh zusammen mit anderen Hikern abgeholt und gefahren.

Gestern am späten Abend kam dann die Nachricht, dass sein Auto kaputt gegangen sei und ich erst am Samstag fahren könne. Und das auch nicht vom Trailhead aus, sondern hier vom Campground aus. Somit bekommt mein Knie noch einen Tag länger Ruhe und ich immer mehr Langeweile. Aber ich bekam auch wieder ein bissel was auf die Rippen. Dank des kalorienstarken täglichen Frühstücks beim Bäcker musste ich erstmals meinen Hosengürtel in die andere Richtung verstellen!

Aus Frust darüber, dass ich den originalen Marker nicht sehen kann (der ist auch nur aus Stöckchen zusammengelegt), habe ich mir meinen eigenen gebastelt.

Mile Marker Imitat

Gestern Abend war sowieso irgendwie komisch. Seltsame Abendstimmung. Und Mady (Wie ist die bis hierher ohne Trailnamen gekommen?) kam auf den Zeltplatz und erklärte mir, dass sie jetzt und hier den PCT beendet habe. Einfach keine Lust und Motivation mehr! Mady, die junge, taffe und starke Niederländerin, die mir immer wieder ein bis zwei Tage voraus war, kommt nach mir – und ich hatte ja schon ein paar freie Tage – erst an und wirft das Handtuch! Ich verstehe die Welt nicht mehr! Und ich alter Knacker bin noch immer bereit, weiterzumachen!

Wir waren dann noch gemeinsam zum Abendessen in der „Innenstadt" in einer Kultkneipe (The Barn). Dort war es zwar ziemlich voll, aber das Essen war nicht der Burner, ebenso wenig wie der Milkshake danach.

Und so habe ich heute wieder mein Knie geschont, abgehängt und auf meine Bandage gewartet, die noch immer nicht da ist. Außerdem habe ich Podcast gelauscht. Lea hatte mir den empfohlen und ich habe ihn mal bei schnellem WiFi heruntergeladen. Er heißt „Himmelfahrtskommando", ist von BR2 und handelt vom Attentat bei den Olympischen Spielen von 1972 in München. Das habe ich damals im Fernsehen verfolgt. Meine Herren, das ist nun schon 50 Jahre her! Auch ich kann ihn unbedingt weiterempfehlen.

Und da sich 5 Minuten hinter dem Zeltplatz eine Brauerei befindet, war ich dort mal zu Mittag. Abends ist dort schon ab 19 Uhr geschlossen. Der Platzwart hatte mir was von den leckeren Rippchen vorgeschwärmt, aber war nicht! Neue Speisekarte und nur noch Burger und Sandwiches! Die waren zwar besser als alle anderen, die ich bisher gegessen habe, aber ich hatte mich so sehr auf Rippchen gefreut! Zuhause gibt es wieder welche!

So, nun noch morgen hier die Zeit vertrödeln und dann kann es hoffentlich wieder losgehen!

Tierisches in Sisters

6. August 2022

Heute ist nun mein letzter Tag hier auf dem Zeltplatz. Gleich am frühen Morgen hatte ich den ersten Besuch!

Es ist mal wieder ein Reh vor meinem Zelt auf Spaziergang gewesen.

Glücklicherweise hat es sich weder für meine Schnürsenkel noch für meine Wanderstöcke interessiert! Ich konnte deshalb auch dann ganz entspannt in meine Lieblingsbäckerei zum Frühstück gehen. Und dort ging es dann auch tierisch weiter, denn ich hatte ja einen Bärenhunger.

Bear Claw

Dieses Gebäck, also die Bärentatzen, habe ich aus Nienburg an der Weser in völlig anderer Erinnerung. Dieses Stück hier übertrifft die Nienburger Variante in Bezug auf Kalorien um Längen! Mandeln, Marzipan und Honig, und du kannst nach dem Frühstück das Mittagessen auslassen! Nee, ich muss mal ein wenig auf Vorrat essen! Wer weiß, wann es wieder solche Leckereien gibt?!

Weil wir gerade bei den Bären sind... Ich habe heute auch ein neues Wort gelernt. Das, was wir schnöde als Bierbauch oder Ranzen oder gar Wampe oder Plautze bezeichnen, heißt hier Bear Belly. Bärenbauch. Das klingt doch viel schöner, vielleicht sogar etwas kuschelig?!

Und dann habe ich mich heute Vormittag, mein Knie betreffend, weitergebildet. Ich weiß, es geht euch bestimmt schon langsam auf den Keks, aber für mich ist es im Moment „kriegsentscheidend". Was gibt es, was YouTube nicht weiß? Was soll ich sagen, ich bin dort fündig geworden und habe die empfohlenen Übungen auch gleich ausprobiert. Das hat zwar tierisch(!) weh getan, hat aber sehr gut geholfen. So gut, dass ich gleich noch am Vormittag ans andere Ende der Stadt gelaufen bin, um noch ein paar Sachen einzukaufen. Morgen früh soll es wieder losgehen. Mal sehen, was das Knie zu 20 Kilo auf dem Rücken sagt.

Timberline Lodge – Mile 2098

7. August 2022

Heute Morgen nach dem obligatorischen Frühstück in der Sisters Bakery ging es um 8 Uhr mit dem Shuttle los. Ich hatte ja erzählt, dass hier wieder der PCT für etliche Meilen gesperrt ist. Manche Hiker wollen zwar trotzdem durch, aber wozu? So schön sieht das wirklich nicht aus! Außerdem kein Schatten (wir haben wieder 34 Grad), kein sicheres Wasser, und es ist durch die angebrannten Bäume auch gefährlich. Dazu kommt noch, dass ich nicht bereit bin, 5000 Dollar Strafe zu zahlen. Da zahle ich lieber 50 Dollar für das Auto.

2 1/2 Stunden Autofahrt, vorbei am Mount Jefferson, der in der burned area liegt, und ansonsten immer Ebene. Dann taucht in weiter Ferne der Mount Hood, der höchste Berg Oregons, auf, in dessen Nähe es dann losgeht.

Halb 11 Uhr kommen wir wieder an einem Frog Lake an, und es geht wieder ab in den grünen Tunnel. Mein Knie spielt auch einigermaßen mit, solange es geradeaus oder bergauf geht. Und es geht viel bergauf! Knappe 1000 Höhenmeter sind zu bewältigen! Den Berg sieht man immer nur kurz zwischen den Bäumen hindurchschimmern. Erst ab der Baumgrenze kann man ihn in voller Pracht bewundern.

Mt. Hood

Von hier aus ist es nur noch ein Katzensprung bis zur Timberline Lodge, die direkt am Trail liegt. Eigentlich wollte ich nebenan im Terrassenrestaurant einkehren. Aber die haben ab 16 Uhr die Bar geschlossen. Da kann man 5 nach 4 Uhr nichts mehr bekommen. Man fühlt sich gleich wie zuhause!

Aber nebenan ist die Lodge, und hier bekomme ich Essen und Trinken. Die Lodge ist auch ein beliebter Treffpunkt für PCT Hiker. Schlafen tut hier keiner! Ist viel zu teuer! Aber mal gepflegt aufs Klo, mal in einem Sessel sitzen und Erlebnisse austauschen oder am legendären All-you-can-eat-Frühstück teilnehmen...

Timberline Lodge

Dieses Hotel wurde übrigens zu Beginn des 20. Jahrhunderts gebaut, 1937 vom legendären Präsident Theodor Roosevelt eingeweiht und steht heute unter Denkmalschutz. Ja, richtig alte Bauwerke gibt es in der neuen Welt nicht zu bestaunen.

Von hier aus gibt es auch einen Sessellift, der einen in ein auch immer Sommer offenes Skigebiet am Mt. Hood bringt.

Ich werde jedenfalls nicht Skilaufen und auch nicht am großen Frühstück teilnehmen, sondern nach meinem vorgezogenen Abendessen hier im Restaurant noch ein bisschen weitergehen. Dabei waren ein paar Murmeltiere meine Begleitung. Leider nur akustisch, denn sie waren gut versteckt.

Als ich losmarschieren will, werde ich von ein paar Touristen angesprochen, ob ich mich zusammen mit ihnen fotografieren lassen würde. Tja, wir PCT-Hiker sind schon seltsame Gestalten und ein besonderes Fotomotiv!

Cascade Locks – Mile 2148

10. August 2022

Mt. Hood

Nun, nachdem ich die exklusive Timberline Lodge hinter mir gelassen habe, habe ich auch gleich einen niedlichen Milemarker vor die Linse bekommen.

Ich bin an dem Abend noch etwa 2 Meilen gelaufen und habe dann im Wald in dichten Mückenschwärmen mein Nachtquartier aufgestellt. Glücklicherweise musste ich nicht kochen, da ich ja in der Lodge ganz gut gegessen habe.

Am nächsten Morgen ging es erst mal im Wald heftig bergab! Komisch, erst habe ich immer über „bergauf" gemeckert und jetzt sehne ich mich fast danach! Die nächsten Etappen gehen jetzt um den Mt. Hood herum, und ab und an hat man einen herrlichen Ausblick!

Das Grausame ist aber, dass der Weg immer wieder hinab in einen Canyon führt und nach Durchschreiten des Tales wieder hinauf! Und es liegt wieder reinster, feiner Ostseesand überall rum! Du machst 3 Schritte vorwärts und rutschst 2 zurück! Da helfen auch keine frisch reparierten Stöcke! Brenzlig wird die Sache nur bergein. Wenn du da keinen richtigen Stand hast, kannst du gleich 300 Meter tiefer im Fluss baden, falls du es über das Geröll schaffst!

Ja, Flüsse gab es auch wieder einige zu queren. Glücklicherweise haben sie mit dem nahenden Ende der Schneeschmelze nicht mehr ganz so viel eisiges Wasser.

Ich habe es diesmal an allen Stellen geschafft, trockenen Fußes die Flüsse zu queren. An einer Stelle musste ich erst ein Stück an einem Felsen flussaufwärts klettern, um dann von einem Stein zum anderen zu springen, um rüberzukommen. Manchmal lagen allerdings auch Baumstämme da, über die ich balancieren konnte. Baden war also nicht angesagt, obwohl es bestimmt mal wieder nötig gewesen wäre. Jeder auf dem Trail duftet, so gut er kann, und solange die Mücken nicht tot vom Himmel fallen, kann es nicht so schlimm sein!

Gestern Nachmittag bekam ich dann aber von Mutter Natur wieder die tiefdunkle gelbe Karte gezeigt! Es ging ja jetzt jeden Tag immer über 1500 Höhenmeter auf und ab, aber so oder so musste ich ja nach Cascade Locks kommen. Abkürzung war nicht! Und irgendwie musste ich den Berg wieder runter! Naja, zum Schluss habe ich für eine Meile bergein 1 1/2 Stunden gebraucht!

Aber ich habe sie gesehen! Die Bridge of the Gods, die über den Columbia River hinüber nach Washington führt!

Bridge of the Gods

Aber ob sie mich hinüberführen wird, steht in den Sternen! So wie sich die Situation abzeichnet, werde ich wohl hier Schluss machen (müssen). Kräftemäßig und mental fühle ich mich voll in der Lage, weiterzumachen! Bloß das Sch…Knie! Aber es geht auch anderen so! Ich habe doch von Day Hiker berichtet, die jeden Tag 28 bis 30 Meilen macht… Sie schrieb mir gestern, dass sie wegen der gleichen Kniebeschwerden, die urplötzlich losgingen, nun aufgibt und nachhause fliegt.

Gorges Brewery

Nachdem ich mein Zelt (Ich kann mich nicht mal hinknien!) im Campground aufgestellt hatte, wollte ich hier in der Brauerei zu Abend essen. Sie ist maximal 4 Minuten Fußweg von meinem Zelt entfernt. Ich brauchte aber dorthin fast 24 Minuten! Und dann war das Restaurant auch noch in der ersten Etage! Ich hätte so und so leiern können!

Ich glaube, das war's dann mit meinem Ausflug! Hier könnte nur noch ein Wunder helfen. Wobei, da gab es ja mal einen Schlager. Wunder gibt es immer wieder – Katja Epstein? Selbst wenn ich pro Tag nur 10 Meilen laufen würde, könnte ich noch vor dem ersten Schnee an der kanadischen Grenze ankommen. Aber …! Es wird wohl nix werden?!

Das war's!

15. August 2022

Sorry, das war's nun mit dem PCT. Ich habe lange mit mir gerungen, ob ich nicht vielleicht doch noch mal eine längere Pause einlegen sollte? Ich hätte noch etwa 2 Wochen Puffer. Aber beim Knie ruckt und zuckt sich nichts von wegen Besserung. Ganz im Gegenteil: Jetzt fängt auch noch die Hüfte an! Ob das nun die Folge oder vielleicht sogar die Ursache der ganzen Beschwerden ist, ist uninteressant. Und Washington wird noch mal richtig heftig, was die Berge anbelangt!

Heute Nacht und heute Morgen habe nicht nur ich, sondern auch der Himmel geweint. Ich habe für mich beschlossen, dass ich hier nicht einfach aufgegeben (ich will ja weiter), sondern aufgehört habe. Ob ich doch noch über den Fluss rüber nach Washington gehen sollte, das war noch eine Frage. Gestern bin ich nur bis in die Mitte der Brücke, wo die Staatengrenze verläuft, gegangen. Heute aber haben alle auf mich eingeredet, es doch zu tun, und haben mich alten Leiergreis getröstet und umarmt und gedrückt. Sogar junge, wildfremde Mädels! Eigentlich schön, wenn der Anlass nicht so traurig wäre!

Also bin ich dann doch los, rüber über den mächtigen Columbia River auf die andere Seite nach Washington. Eigentlich ist die alte Stahlbrücke nur für Kraftfahrzeuge frei gegeben. Aber für PCT Hiker wird eine Ausnahme gemacht. Maut müssen die glücklicherweise auch keine zahlen! Aber es schon ein komisches, sogar wehleidiges Gefühl, wenn die Anderen mit ihrem Rucksack auf dem Rücken an einem vorbeiziehen und weiter nordwärts wandern.

Und ich mache für sie die Erinnerungsfotos und bleibe zurück bzw. kehre wieder um.

The End at Cascade Locks

Die letzten Fotos sind gemacht. Ich werde zum Abschluss nochmal Ramen kochen und den Rucksack ausmisten. Morgen geht es nach Portland und von dort aus mit dem Flieger runter nach San Diego – das ist noch eine ganz spezielle Story - und von dort aus gen Heimat.

Ich weiß schon jetzt, dass mich der Trail nicht mehr loslassen wird, bin mir aber nicht sicher, ob ich irgendwann noch Washington durchwandern werde. Die Magie des Trails ist sicherlich weg. Du bist halt nur Section Hiker und kein Thruhiker.

Ich bin dem Trail in keinster Weise böse, eher meiner Ohnmacht! Ich bin dankbar für jeden Tag, an dem ich auf ihm und Teil der Community war! Und ich bin auch ein wenig stolz, wie weit ich gekommen bin. Ich bin wahrhaftig an Genzen gegangen.

Yesterday is history, tomorrow is a mystery, but today is a gift. That is why it is called the present.

STAY TUNED! – DR. COLA.